DAS TRAININGS-BUCH

Rechtschreibung 2–4

In 3 Schritten zum Lernerfolg!

Schroedel

DAS TRAININGS-BUCH

Rechtschreibung 2–4

Autorin:
Hedi Berens war Grundschulrektorin und Lehrerin. Zudem ist sie Lehrbeauftragte an einer Universität. Aus ihrer Feder stammen zahlreiche Schulbücher, Arbeitshefte und Lernhilfen.

Druck [1] / Jahr 2015

Redaktion: Katrin Spiller
Kontakt: lernhilfen@schroedel.de
Layout: Druckreif! Sandra Grünberg, Braunschweig
Umschlaggestaltung: Janssen Kahlert Design und Kommunikation GmbH, Hannover
Umschlagfoto: Fria Hagen
Illustrationen: Thies Schwarz, Hannover
Satz: imprint, Zusmarshausen
Druck und Bindung: westermann druck GmbH, Braunschweig
ISBN 978-3-507-23220-4

Liebe Schülerin, lieber Schüler,

du willst sicherer in der Rechtschreibung werden?
Dann ist das Trainingsbuch genau das Richtige für dich!
Mithilfe der 3-Schritt-Methode kannst du hier alle Rechtschreibregeln üben, die in der Grundschule wichtig sind.

Die 3-Schritt-Methode ist ganz einfach.

1 Verstehen: Lies die **Rechtschreibregel** gründlich durch und merke dir den Inhalt.

2 Üben: Abwechslungsreiche **Übungen** helfen, die Rechtschreibregel zu verinnerlichen.

3 Können: Schließlich schreibst du einen **Test oder ein Diktat**, um zu überprüfen, ob du die Regel wirklich verstanden hast.

Die Lösungen für die Übungen und Tests findest du ab Seite 160. Hier findest du auch die Auswertungen zu den einzelnen Tests und Diktaten.

Diktate, zu denen es Audio-Dateien gibt, erkennst du an dem QR-Code daneben. Scanne den Code mit einem Handy, dann gelangst du zu dem jeweiligen Diktat. Jeder Text wird dir zunächst einmal komplett vorgelesen, dann in Sinneinheiten diktiert.
Alle Audio-Diktate findest du auch noch einmal im Internet unter **www.schroedel.de/trainingsbuch**.

Und jetzt kann es auch schon losgehen.

Viel Erfolg beim Üben mit dem Trainingsbuch!
Hedi Berens

Inhalt

4. Wortfamilien

5. Lese- und Verstehenshilfen

6. Besondere Wörter und Merkwörter

7. Trainingseinheiten

1. Entdeckungsreise in die Welt der Laute und Buchstaben

1

Laute und Buchstaben

Laute sprichst und hörst du.
Buchstaben schreibst und liest du.
Erwachsene sagen oft: Sprich deutlich, dann schreibst du richtig. Kinder schreiben so wie sie sprechen:

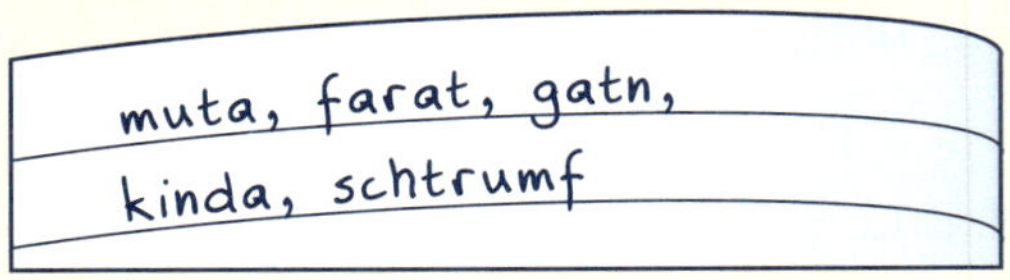

Verstehst du die Wörter? Richtig geschrieben sehen sie so aus: Mutter, Fahrrad, Garten, Kinder, Strumpf.

2

1. *Setze die Buchstaben in der Wolke in die Lückenwörter ein. Streiche die Buchstaben durch, die du schon eingesetzt hast.*

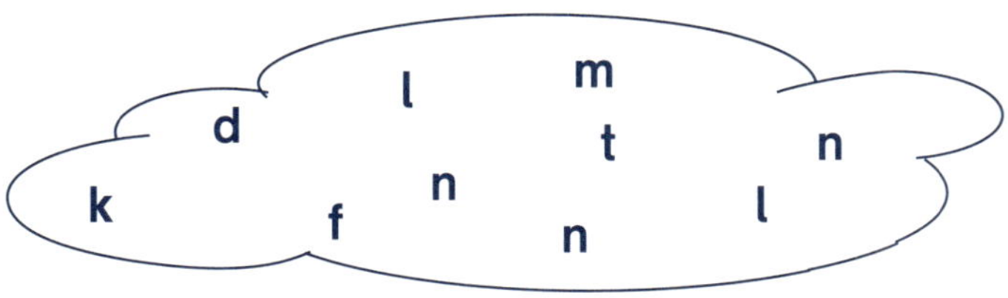

Ba ... a ... e

Te ... e ... o ...

To ... a ... e

Scho ... o ... a ... e

2. *Sieh in den Lösungen nach, ob du Aufgabe 1 richtig gelöst hast. Wenn ja, male die Bilder dort an.*

3. *Sprich die Namen der abgebildeten Tiere ganz deutlich aus und schreibe sie auf.*

R ... ...

Z ... ...

E ... ...

K ... ...

Sch ... ...

P ... ...

4. *Wenn du die Wörter in Aufgabe 3 richtig geschrieben hast, male die Bilder neben den Wörtern an.*

Test

3

Jetzt kannst du sicher die passenden Wörter zu den folgenden Bildern richtig aufschreiben.

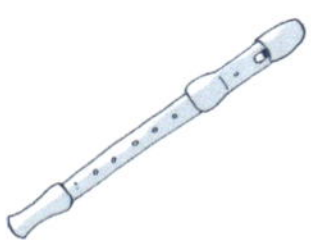

....

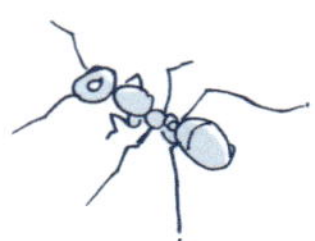

....

....

....

....

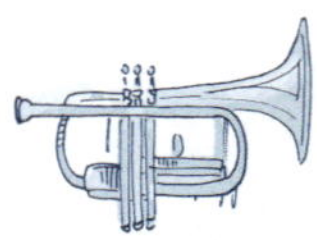

....

Laute und Buchstaben

1 Vokale und Konsonanten

Hier siehst du die Buchstaben des Alphabets:

Aa Bb Cc Dd Ee Ff Gg Hh Ii Jj Kk Ll Mm Nn Oo
Pp Qq Rr Ss Tt Uu Vv Ww Xx Yy Zz.

Die farbig markierten Buchstaben werden **Vokale** oder **Selbstlaute** genannt. Sie sind das Herz der Wörter.
Alle anderen Buchstaben werden **Konsonanten** oder **Mitlaute** genannt. Vokale/Selbstlaute klingen ohne die Hilfe eines anderen Lautes. Konsonanten/Mitlaute klingen mithilfe eines Selbstlautes:

a be ce de e ef ge ha i jot ka el em en o pe qu (ku)
er es te u vau we ix ypsilon zet.

Sonderformen sind ä, ö, ü und β.

2

1. *Setze die fehlenden Buchstaben ein.*

.... B C D .... F G H I J .... M .... O P Q R S T U .... W X Y Z

2. *Schreibe alle Selbstlaute auf.*

....

3. *Schreibe alle Mitlaute auf.*

....

....

4. *Setze die fehlenden Vokale ein.*

	H .... nd		B .... rg
	N .... st	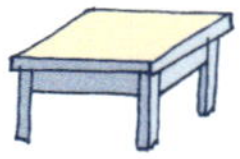	T .... sch

5. *Setze die fehlenden Vokale ein.*

	K .... nd	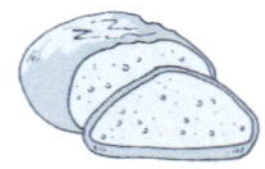	Br .... t
	M .... nd	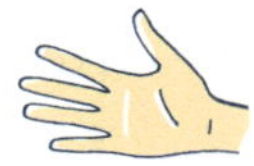	H .... nd

6. *Hier sind die Wörter in Lautschrift aufgeschrieben.*
Lies die Wörter laut vor. Schreibe sie dann richtig auf.

Be er o te .... Brot ....

Vau o ge e el ....

Ge a er te e en ....

Be e l u em e en ....

Test

3

a) Male in den folgenden Wörtern die Selbstlaute an.

Zebra Gorilla Orang Utan Praline

Limonade Badezimmer

b) Male in den folgenden Wörtern die Mitlaute an.

Sandkasten Fotoalbum Telefon

Computer Regenwurm Obsttorte

c) Schreibe die Wörter richtig auf.

Ha e ef te ....

Te i en te e ....

Be er o te de o es e ....

1 Umlaute, Doppellaute und Doppelvokale

Besondere Laute sind die **Umlaute ä, ö** und **ü**. Sie gehören zu den Vokalen.
Auch die **Doppellaute** oder **Diphthonge au, äu, ei** und **eu** gehören zu den Vokalen. Ein ganz besonders seltener Doppelaut ist **ai**. Wörter mit **ai** musst du dir merken, z. B.

der Hai, **der Mai**, **der Kaiser** und **der Mais**.

Nur wenige Wörter haben einen **Doppelvokal**. Sie werden mit **aa**, **ee** oder **oo** geschrieben, z. B.

das Haar, **die Fee** oder **das Moos**.

2

1. *Ä, ö oder ü? Trage die passenden Umlaute ein.*

	B ... ren		Bl ... te
	M ... bel		M ... dchen
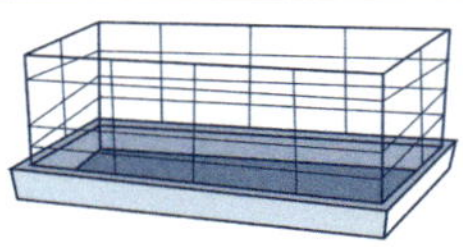	K ... fig		T ... te

2. *Ei, eu oder au? Trage den passenden Doppellaut ein.*

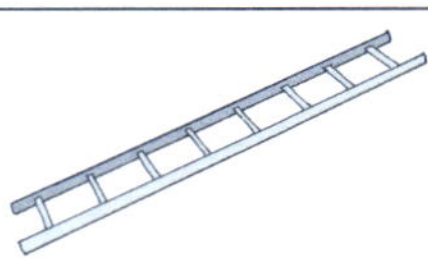	L .... ter		F .... er
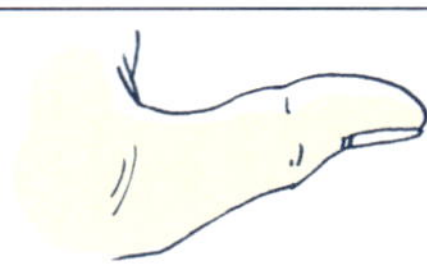	D .... men	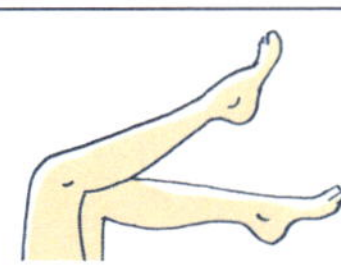	B .... ne
	B .... m	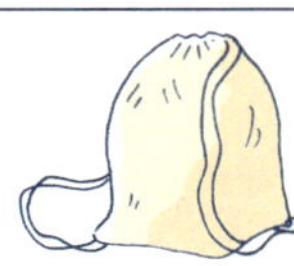	B .... tel

3. *Au oder äu? Trage den passenden Doppellaut ein.*

	M .... s		M .... se
	H .... s		H .... ser
	B .... m		B .... me

4. *Aa, ee oder oo? Trage den passenden Doppelvokal ein.*

	H .... re		B .... re
	B .... te		W .... ge
	Z		S ....

Test

3

Lass dir die folgenden Wörter diktieren.
Wenn du ein Wort richtig geschrieben hast, male den Smiley dahinter an.

Tüte	☺	Feuer	☺	Mäuse	☺
Leiter	☺	Möbel	☺	Beutel	☺
Käfige	☺	Blüte	☺	Waage	☺
Daumen	☺	Boote	☺	Beine	☺

1

Wichtige Konsonantenverbindungen am Wortanfang: Pf/pf, Sp/sp oder St/st

Wörter, die mit **Pf/pf**, **Sp/sp** oder **St/st** beginnen, musst du gut üben. Sie werden anders ausgesprochen als geschrieben. Probiere es aus, indem du die folgenden Abbildungen benennst und dabei in einen Spiegel schaust.

Du bemerkst: Bei Wörtern, die mit **Pf/pf** anfangen, wird das **p** oft verschluckt. Bei Wörtern, die mit **Sp/sp** oder mit **St/st** anfangen, hört man am Anfang oft **schp** oder **scht**.

2

1. *Markiere alle Konsonantenverbindungen am Wortanfang. Sprich dir dazu die Wörter ganz deutlich vor.*

der Spaß	der Strumpf	die Straße
die Pflanze	der Strom	das Pfund
der Streit	das Spiel	das Pflaster
der Spatz	die Sprache	der Stift
die Stunde	die Stadt	die Pfanne
der Striegel	der Stuhl	der Sprudel
das Pferd	der Spiegel	der Stall
der Sport	das Stück	der Pfeil

2. *Schau dir jetzt jedes Wort in Aufgabe 1 noch einmal genau an. Decke es ab und schreibe es auswendig auf. Wenn du ein Wort nicht richtig geschrieben hast, schreibe es in einem Heft noch einmal auf.*

Wörter mit **St/st:** ....

....

....

....

....

....

....

Wörter mit **Sp/sp:** ....

....

....

....

....

....

Wörter mit **Pf/pf:** ....

....

....

....

....

....

....

3. *Die folgenden Wörter beginnen mit **Pf** oder **F**. Sprich die Wörter deutlich aus und mache dir den Inhalt klar. Setze passende Anfangsbuchstaben ein.*

die ....erde die ....eife

die ....eder das ....enster

4. *Bilde aus den Wörtern Drillingspaare.*

1. ~~spitz~~, spielen, sparen, stark, stehen, stellen, still
2. stillen, verstehen, gestellt, stärker, sparsam, gespielt, ~~spitzen~~
3. ~~angespitzt~~, angestellt, die Spardose, verspielt, gestärkt, gestanden, die Stille

spitz, spitzen, angespitzt, ...

....

....

....

....

....

....

....

....

....

....

....

Test

*a) **Pf**, **Sp** oder **St**? Trage ein!*

der ....rudel	das ....erd	das ....flaster
die ....lanze	das ....ück	der ....rauch
die ....inne	der ....ern	die ....unde
der ....all	der ....ift	der ....eil
der ....rumpf	der ....iegel	der ....reit
die ....adt	das ....iel	der ....aß
das ....und	der ....arrer	die ....efferminze

*b) Decke die Wörter oben ab. Schreibe dann das passende Wort mit **Pf**, **Sp** oder **St** zu den Bildern auf.*

....

....

....

....

....

1

Wörter mit ähnlich klingendem Anlaut: G/g, K/k und Qu/qu

G/g, **K/k** und **Qu/qu** klingen im Anlaut ähnlich und werden deshalb leicht verwechselt. Dabei fühlt sich das **G/g** im Anlaut beim Sprechen weicher an als das **K/k**. Für das **K/k** brauchst du viel mehr Luft.
Probiere es aus:

der Garten – die Karten/die Gabel – das Kabel.

Das **Qu/qu** kommt nur selten vor. Du sprichst kw und schreibst **Qu/qu**. Die wichtigsten Wörter mit **Qu/qu** solltest du dir merken, z.B.

das Quadrat, **der Quark** oder **der Quatsch**.

2

1. *Trage den passenden Anfangsbuchstaben ein.*

.....reis	.....elle	.....ras	.....las	.....nopf	.....adrat

.....artett	.....abel	.....reuz	.....leid	.....alle	.....atze

.....urke	.....ingel	.....alm	.....lavier	.....nie	.....irl

2. *Schau dir die Wörter aus Aufgabe 1 genau an. Schreibe sie auswendig in die richtige Spalte.*

G	K	Qu

3. *Finde passende Reimwörter mit **G/g, K/k** oder **Qu/qu**.*

Reis – Kreis .... Halm – Qualm ....

Tatze – .... schlau – ....

Schelle – .... Schlingel – ....

Test

3

G, K oder Qu? Welcher Anfangsbuchstabe passt?

das ....rokodil die ....locke die ....lingel

der ....atsch die ....räte der ....ark

die ....ittung die ....iste das ....lück

1

Schwierige Buchstabenverbindungen: Th/th, Ch/ch und Ph/ph

Die meisten Wörter mit **Th** am Anfang sind griechischen Ursprungs, z. B.

Theater, **Th**ema, **Th**eke, **Th**ermometer oder **Th**ron.

Das Wort **Th**riller kommt aus dem Englischen.

Bekannte Wörter mit **Ch/ch** sind z. B.

Chance, **Ch**ampignon, **Ch**aos, **Ch**arakter, **Ch**ef, **Ch**emie, **ch**ic, **Ch**inese, **Ch**ips oder **Ch**or.

Wörter mit **Ph/ph**, die du schreiben können solltest, sind z. B.

Physik und Smart**ph**one.

2

1. *Schau dir die Wörter oben genau an.*
Schreibe sie auswendig in die richtige Spalte.

Wörter mit Th	Wörter mit Ch/ch	Wörter mit Ph/ph

2. *Färbe die 14 versteckten Wörter. Schreibe sie ins Heft.*

B	C	H	A	N	C	E	F	P	J	T	H	R	O	N
D	H	A	D	I	H	M	P	L	G	H	H	F	I	F
G	I	E	F	K	E	I	H	T	H	E	M	A	C	P
J	P	H	D	O	F	Q	Y	H	C	R	E	I	K	Q
L	S	I	F	N	R	S	S	F	B	M	I	L	D	M
I	N	C	H	A	M	P	I	G	N	O	N	T	E	G
C	F	H	U	M	K	L	K	E	F	M	V	J	C	T
H	H	O	A	I	J	D	E	Z	U	E	W	K	E	H
A	D	R	E	D	P	V	G	X	B	T	H	E	K	E
O	C	B	M	J	O	E	S	H	R	E	D	O	F	A
S	G	C	H	A	R	A	K	T	E	R	B	D	G	T
E	D	I	K	N	U	G	T	N	D	J	H	K	I	E
S	M	A	R	T	P	H	O	N	E	B	F	J	H	R

Test

3

Fülle die Lücken mit den passenden Begriffen.

Viele Menschen singen in einem ....

Die Temperatur misst man mit einem ....

Aus Kartoffeln macht man knusprige ....

Der König besteigt seinen ....

Ein Schauspielhaus wird .... genannt.

Eine bekannte Pilzsorte sind ....

Durcheinander wird auch .... genannt.

Zwei Schulfächer, die sich mit Naturwissenschaften

beschäftigen: .... und ....

Eine Schulleiterin ist die .... der Schule.

1

Schwierige Laute: Der ks-Laut

In den folgenden Wörtern hörst du einen Laut, der gleich klingt, aber immer unterschiedlich geschrieben wird:

Kle**cks**, lin**ks** und Ta**x**i.

Wörter mit **cks**, **ks** und **x** klingen gleich.
Welche Wörter mit **cks**, welche mit **ks** und welche mit **x** geschrieben werden, musst du dir merken.

Auch Wörter mit **chs** und **x** klingen gleich, z. B.

Wa**chs** – Ma**x**.

Ob ein Wort mit **chs** oder **x** geschrieben wird, musst du dir auch merken.

2

1. *Umfahre in jedem Wort den **ks**-Laut.*
Trage die Wörter in die passende Zeile ein.

Eidechse, sechs, links, Gewächs, schnurstracks, extra, Erwachsene, schlaksig, Taxi, wachsen, Knacks, Hexe, Mixer, Text, Praxis, Dachs, Lexikon, Keks

Wörter mit **cks**: ....

....

Wörter mit **ks**: ....

....

Wörter mit **chs**: ....

....

Wörter mit **x**: ....

....

2. *Achtung! Ein Wort in jeder Reihe passt nicht. Kreise es ein.*

sechs, Erwachsene, Gewächs, wachsen, Mixer

Klecks, Knicks, Knacks, Keks, Klacks, Mucks

wachsen, Gewächs, Erwachsene, Knicks, Lachs

Box, Mixer, Hexe, Xylophon, Taxi, Lexikon, Knicks

Test

3

*Setze die passenden Wörter ein. In jedem Wort muss der **ks**-Laut vorkommen.*

Elektrisches Rührgerät: ....

Eins plus eins plus eins plus drei sind ....

Ein Nachschlagewerk ist ein ....

So werden Plätzchen auch genannt: ....

Eine bekannte Märchenfigur ist die ....

Bäume werden größer. Sie ....

Das Gegenteil von rechts ist ....

Ein anderes Wort für Dose: ....

Eine Kerze besteht aus ....

Viele Ärzte haben eine ....

Eine kleine Verbeugung nennt man einen ....

Jemand der still ist, macht keinen ....

Wer mit Farbe kleckert, macht einen ....

Ein Tier mit schwarz-weißem Fell: ....

1

Seltene Buchstaben und Buchstabenverbindungen am Wortende: y, i und ie

Wörter wie **Baby**, **Ski** und **Batterie** werden am Wortende unterschiedlich geschrieben, klingen aber gleich.

Wörter wie **Linie** und **Familie**, **Petersilie** oder **Lilie** enden wie das Wort Batterie auf **ie**, werden aber anders ausgesprochen.

2

1. *Ein Wort in jeder Reihe passt nicht. Schreibe es heraus. Achte dabei besonders auf die Wortendungen. Manchmal hilft es, die Wörter laut auszusprechen.*

Mutti, Vati, Batterie, Salami Batterie

Knie, Etui, Chemie, Geometrie ....

Baby, Teddy, Handy, Gameboy ....

Party, Hobby, Curry, Intercity, Juni ....

Juni, Juli, Kuli, Pony, Ski ....

Melodie, Biologie, Familie, Fantasie, Energie ....

Kopie, Melodie, Kastanie, Jalousie ....

Petersilie, Kastanie, Lilie, Energie ....

2. *Sortiere die Wörter aus Aufgabe 1.*

Wörter mit **i**: ....

....

....

....

....

Wörter mit **ie**: ....

....

....

....

....

Wörter mit **y**: ....

....

....

....

....

Test

3

Lies dir folgende Sätze gut durch. Lass dir die Sätze diktieren oder schreibe sie auswendig auf.

Chemie, Biologie und Geometrie sind spannende Schulfächer.

Hockey und Skifahren sind Sportarten, für die man viel Energie braucht.

Im Juni und Juli hat die Familie Ferien und feiert eine Party.

In meinem Etui habe ich einen Kuli und eine Kopie von meinem Stundenplan.

Mein Handy und meinen Gameboy nehme ich nicht mit zur Schule.

2. Entdeckungsreise in die Welt der Silben

1

Wörter bestehen aus Silben

Wörter können aus einer, zwei, drei, vier und auch manchmal aus fünf oder noch mehr **Silben** bestehen:
Haus, Le-der, Ap-fel-mus, Scho-ko-la-den-ku-chen.

Eine Silbe besteht meistens aus einem Selbstlaut, Umlaut oder Doppellaut und aus einem oder mehreren Mitlauten.

2

1. *Ordne die Wörter wie im Beispiel in die Tabelle ein. Kennzeichne dann die Selbstlaute, Umlaute oder Doppellaute. Denke an die Silbenbögen.*

~~Katze~~ – ~~Gans~~ – ~~Känguru~~ – Biene – Fisch – Pandabär – Papagei – Kaninchen – Pferd – Fliege – Reh – Ente – Hund – Schlange – Regenwurm

eine Silbe	zwei Silben	drei Silben
Gans	Kat – ze	Kän – gu – ru

Tipp

Beim Lesen und Schreiben hilft dir das Wissen, dass der Selbstlaut in der zweiten Silbe meist ein **e** ist.
Wenn du unsicher bist, was Selbstlaute oder Mitlaute sind, schau auf den Seiten 10 und 11 nach.

2. *Baue aus den Silben in den Puzzleteilen Wörter. Kennzeichne dann in jeder Silbe den Selbstlaut, Umlaut oder Doppellaut. Zeichne außerdem die Silbenbögen ein.*

~~Spiel~~	der	schu	gal
Fuß	~~zeug~~	re	he
Kin	ko	~~la~~	ten
Bü	ball	tor	~~den~~
Scho	cher	gar	te

Spielzeugladen,

Silben

3. *Ordne die folgenden Wörter in die Tabelle ein. Denke an die Silbenbögen.*

~~Elch~~ – ~~Auto~~ – Arzt – Hund – Eisen – Kuh – Milch – Eile
Wort – Eule – Eimer – Ort – Maus – Eiweiß – August

eine Silbe	zwei Silben
Elch	Auto

4. *Streiche die Wörter durch, die nicht richtig in Silben gegliedert sind. Schreibe sie richtig gegliedert in dein Heft.*

To-ma-te	Pa-prik-a	Ba-na-ne
Ma-n-da-ri-ne	Ap-f-el	Bir-ne
Pflau-me	Ha-sel-nüs-se	Kir-sch-en
Zi-tro-ne	Pam-p-el-mu-se	Pfirs-ich

3

Test

a) Trage die Wörter in die richtigen Spalten ein. Zeichne dazu zuerst die Silbenbögen unter den Wörtern ein.

Mai – Badeanzug – Dezember – Frühling – Geburtstag – Herbst – Juni – Kalender – März – Monat – Regenbogen – Schnee – Sommer – Sommerurlaub – Tag – Weihnachten – Winter

Einsilber: ....

....

Zweisilber: ....

....

Dreisilber: ....

....

....

Viersilber: ....

....

....

b) Setze die Silben zu Wörtern zusammen.

AN BLEI SPIT STIFT ZER

....

BURTS GE GE TAGS SCHENK

....

1 Den Zweisilbern auf der Spur

Bei zweisilbigen Wörtern wird die erste Silbe betont.
Beim Sprechen ist der Vokal der ersten Silbe deutlich hörbar.
Die zweite Silbe ist unbetont. Der Vokal in der zweiten Silbe, meistens ein **e**, ist beim Sprechen kaum hörbar.
Probiere es aus:

Ha-se, Ta-fel, Tan-te, Kin-der.

Die **erste betonte Silbe** eines Wortes kann **offen** oder **geschlossen** sein. Die betonte erste Silbe eines Wortes ist offen, wenn auf den Vokal, Umlaut oder Doppellaut in der ersten Silbe kein Konsonant folgt, also das dritte große Zimmer im Silbenhaus leer ist. Den Vokal sprichst du dann lang:

Ha-se, Ta-fel.

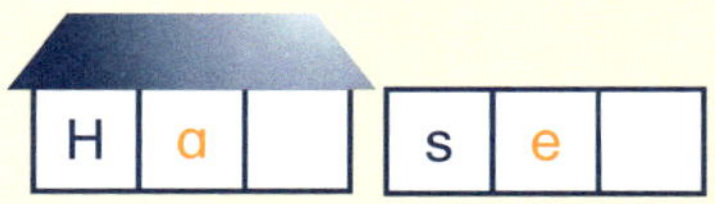

Wenn auf den Vokal, Umlaut oder Doppellaut in der betonten ersten Silbe ein Konsonant folgt, also das dritte große Zimmer im Silbenhaus bewohnt ist, ist die Silbe geschlossen. Den Vokal sprichst du dann kurz:

Tan-te.

Tipp

Achtung: Konsonantenverbindungen wie **Ch/ch**, **Sch/sch**, **Sp/sp** oder **St/st** teilen sich ein Zimmer im Silbenhaus. Auch die Doppellaute (siehe Seite 12) wohnen in einem Zimmer.

1. *Trage folgende Wörter mit offener Silbe in die Silbenhäuser ein.*

lesen

reden

reiten

spielen

2. *Trage folgende Wörter mit geschlossener Silbe in die Silbenhäuser ein.*

lernen

rechnen

denken

stolpern

3. *Ist die erste Silbe offen (o) oder geschlossen (g)?*

Nichte ....

Tante ....

Vater ....

Silben

Tipp
Wenn ein Wort mit einem Vokal anfängt, bleibt das erste Zimmer im Silbenhaus leer.

4. *Ist die erste Silbe offen (o) oder geschlossen (g)?*

Onkel  ....

Enkel  ....

Bruder  ....

5. *Kennzeichne bei den Wörtern in der Tabelle zuerst die Vokale. Sortiere die Wörter dann in die richtige Spalte ein.*

	offene Silbe	**geschlossene Silbe**
Hefe/ Hefte		
Miete/ Mitte		
Harfe/ Hafer		
raten/ rasten		
Spalte/ Spaten		

Test

a) Kennzeichne bei den Wörtern in der Tabelle die Vokale. Schreibe die Wörter dann auf wie im Beispiel. Entscheide: Ist die erste Silbe offen oder geschlossen?

Kirsche	Kir – sche	geschlossene Silbe
Apfel		
Erde		
Kerze		
Mäuse		
Schale		
Vater		

b) Ist die erste Silbe der Wörter offen (o) oder geschlossen (g)? Notiere zu jedem Bild das passende Wort.

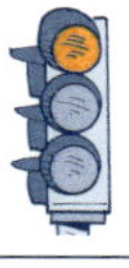		

1 Wörter mit langem und kurzem i

Wenn bei einem Wort mit zwei Silben auf den i-Laut in der betonten ersten Silbe kein Konsonant folgt, ist die Silbe offen. Der i-Laut wird dann lang gesprochen und bis auf Ausnahmen mit **ie** geschrieben:

die B**ie**-ne, die Sch**ie**-ne, w**ie**-der, die L**ie**-der.

Folgt bei einem Zweisilber auf den i-Laut in der betonten ersten Silbe ein Konsonant, ist die Silbe geschlossen. Der i-Laut wird kurz gesprochen und mit einfachem **i** geschrieben:

der P**i**n-sel.

2

1. *Was siehst du auf Bildern? Sprich dir das Wort deutlich vor. Entscheide, ob die erste Silbe offen (o) oder geschlossen (g) ist und ob das Wort mit* ***ie*** *oder* ***i*** *geschrieben wird.*

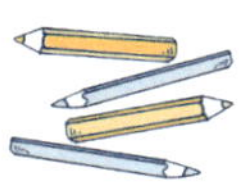

2. *Entscheide, ob die erste Silbe der Verben offen oder geschlossen ist und ob das Wort mit* ***ie*** *oder* ***i*** *geschrieben wird. Trage das Verb dazu in das Silbenhaus ein. Fülle anschließend die dritte Spalte aus.*

wir f……nden	☐☐☐ ☐☐☐	ich finde……
wir tr……nken	☐☐☐ ☐☐☐	du ……
wir fl……gen	☐☐☐ ☐☐☐	er ……
wir br……gen	☐☐☐ ☐☐☐	sie ……
wir l……ben	☐☐☐ ☐☐☐	es ……

Diktat

3

Buchstabenzauberer
Aus Reise zaubert er Riese,
aus Beine zaubert er Biene.
Aus dem Rind wird ein Kind.
Aus Zeile zaubert er Ziele.
Aus Scheinen werden Schienen.
Aus zeigen wird Ziegen.
Aus dem Lift zaubert er einen Stift.
Aus wieder macht er Lieder.
(Wortanzahl: 42)

1

Wörter mit doppelten Konsonanten

Bei Wörtern mit zwei Silben gilt: Klingt der Vokal in der betonten ersten Silbe kurz und hörst du danach nur einen Konsonanten, musst du diesen Buchstaben verdoppeln:

der Hi**m-m**el, die Schi**f-f**e, ko**m-m**en, re**n-n**en.

Der erste Konsonant schließt die erste Silbe und der zweite steht am Anfang der nächsten Silbe.

Bei einsilbigen Wörtern gilt: Gibt es eine verlängerte Form mit einem Doppelkonsonanten, schreibt man auch das einsilbige Wort mit einem Doppelkonsonanten:

der Flu**ss** – die Flü**s-s**e, es bre**nn**t – bre**n-n**en,

na**ss** – na**s-s**er.

2

1. *Streiche das falsch geschriebene Wort durch.*

Va-ter / ~~Vat-ter~~	Mut-ter / Mu-ter	sam-meln / sa-meln
Bäl-le / Bä-le	Klasse / Kla-se	Tre-pe / Trep-pe

2. *Streiche das falsch geschriebene Wort durch. Trage das richtig geschriebene Wort wie im Beispiel in die Tabelle ein.*

Richtig oder falsch?	
Blütte oder Blüte?	die Blü—te
Betten oder Beten	die Bet—ten
Blatt oder Blat?	
Füller oder Füler?	
Löffel oder Löfel?	

Richtig oder falsch?	
Bessen oder Besen?	
Schiff oder Schif?	
Nuss oder Nus?	
Schlüssel oder Schlüsel?	
Mann oder Man?	
Bagger oder Bager?	

Tipp
Übungen zu den Doppelkonsonanten **tz** und **ck** findest du auf Seiten 38 und 39.

Diktat

3

Verrückte Reime

Der Himmel himmelt. Der Schimmel schimmelt.
Die Kralle krallt. Die Schnalle schnallt.
Die Klammer klammert. Der Hammer hämmert.
Der Roller rollt, die Klasse tollt.
Das Wetter wettert. Die Bretter brettern.
Die Tonne tonnt, die Sonne sonnt.
Die Blätter blättern, der Knaller knallt.
Die Spinne spinnt, das Wasser rinnt.
(Wortanzahl: 50)

Silben

1

Wörter mit tz und ck

Nach einem kurzen betonten Vokal wird auch der Konsonant **z** verdoppelt. Statt **zz** schreibt man aber **tz**:

die Gla**tz**e, die Mü**tz**e, schwi**tz**en.

Achtung: Verben mit tz schreibt man in der **Er-**, **Sie-**, **Es-Form** mit **tz + t = tzt**:

er kra**tzt**, sie mo**tzt**, er schwi**tzt.**

Einige wenige Fremdwörter werden mit **zz** geschrieben, z. B.

die Pi**zz**a, das Pu**zz**le, die Ski**zz**e, die Ra**zz**ia.

Auch das **k** wird nach einem kurzen betonten Vokal verdoppelt. Statt **kk** schreibt man aber **ck**:

die Ha**ck**e, die Mü**ck**e, wi**ck**eln.

Das **ck** darfst du nicht trennen. Es heißt also ba-cken und nicht bac-ken.

Achtung: In manchen Fremdwörtern hörst du vor dem **k** einen kurzen Vokal, trotzdem schreibt man sie nicht mit **ck**, z. B.

die A**k**te, das Di**k**tat, die Fa**k**ten.

Einige wenige Fremdwörter werden mit **kk** geschrieben, z. B.

das A**kk**ordeon, der Mo**kk**a, das Sa**kk**o.

2

1. *Streiche die falsch geschriebenen Wörter durch.*

das Päkkchen / das Päckchen

die Glatze / die Glazze

die Pizza / die Pitza

sie hetzt / sie hezt

schwizen / schwitzen

dik / dick

Akte / Ackte

er flizt / er flitzt

das Ackordeon / das Akkordeon

sitzen / sizen

2. *Setze **z** oder **tz** in die Lücken ein.*

schma……en	die Pfü……e	der Sa……	seuf……en
die He……e	wür……en	die Wi……e	fli……en

3. *Setze **k** oder **ck** in die Lücken ein.*

zwi.......en der Da.......el ti.......en das Geschen.......

le.......er der En.......el na.......t die Flo.......e

Test

3

a) Was ist richtig? Kreuze an.

- ☐ Ein **tz** kann nur am Wortanfang stehen.
- ☐ Ein **tz** kann nur am Wortende stehen.
- ☐ Ein **tz** folgt in der Regel auf einen langen Vokal.
- ☐ Ein **tz** folgt in der Regel auf einen kurzen Vokal.

b) Was ist richtig? Kreuze an.

- ☐ Ein **ck** folgt in der Regel auf einen kurzen Vokal.
- ☐ Ein **ck** folgt in der Regel auf einen langen Vokal.
- ☐ Ein **ck** kann nur am Wortende stehen.
- ☐ Ein **ck** wird nicht getrennt.

*c) Setze **k** oder **ck** in die Lücken ein.*

kran..... We.....er schmin.....en stär.....en ju.....en

*d) Schreibe die folgenden Verben mit **tz** in der **Er-Form** oder der **Sie-Form** auf.*

motzen – petzen – wetzen – setzen – verletzen – hetzen

er ....

....

....

....

Silben

1

Wörter mit silbentrennendem h

Wenn die erste Silbe eines Wortes mit einem Vokal endet und die zweite Silbe eines Wortes mit einem Vokal beginnt, setzt man meistens ein **h** dazwischen. Dieses **h** wird **silbentrennendes h** genannt:

se**h**en, ge**h**en, die Flö**h**e.

2

1. *Lies die folgenden Wörter. Was stellst du fest?*

geen – blüen – näen – zieen

....

....

2. *Setze die Wörter aus Aufgabe 1 richtig geschrieben in die Silbenhäuser ein.*

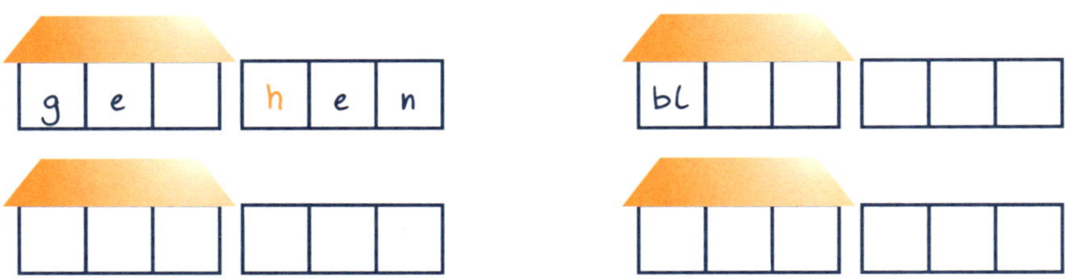

3. *Finde je ein Reimwort mit silbentrennendem h.*

die Höhe – .... die Ehe – ....

die Nähe – .... die Zehe – ....

die Ruhe – .... die Mühe – ....

Tipp
Wörter mit **au**, **äu**, **eu** und dem Doppelvokal **ee** haben **kein silbentrennendes h**, z. B. die M**au**er, der B**au**er, das St**eu**er oder die S**ee**n.

4. *Bilde mit den folgenden Verben mit silbentrennendem h Reimpaare.*

blühen – fliehen – gehen – glühen – mähen – muhen – nähen – ruhen – stehen – ziehen

....

....

....

....

Test

3

a) In jeder Reihe hat sich ein unpassendes Wort eingeschlichen. Streiche es durch.

fliehen, ziehen, knien, wiehern

blühen, glühen, rühren, bemühen

gehen, sehen, wehen, stehen, fehlen

b) Setze passende Verben mit silbentrennendem h ein.

Das Feuer glüht. Ich denke an: glühen.

Der Junge .... zu Fuß. Ich denke an: ....

Opa .... den Rasen. Ich denke an: ....

Die Rose im Garten .... Ich denke an ....

Frau Naht .... eine Hose. Ich denke an

....

Elsa .... sich auf dem Sofa aus. Ich denke an:

....

3. Wortbausteine

1

Zusammengesetzte Nomen

Wenn man zwei Nomen miteinander verbindet, entsteht ein neues Nomen. Man nennt diese Wörter **zusammengesetzte Nomen**. Achtung: Das Nomen am Wortanfang schreibst du weiterhin groß. Das zweite Nomen schreibst du nun klein, da es mitten im Wort steht:

der Spiegel + das Ei = das Spiegelei.

Der Artikel des zusammengesetzten Nomens wird immer von dem hinteren Nomen bestimmt. Es heißt:

das Ei – das Spiegelei,
nicht: der Spiegel – der Spiegelei.

2

1. *Setze die folgenden Nomen zusammen. Ergänze den passenden Artikel.*

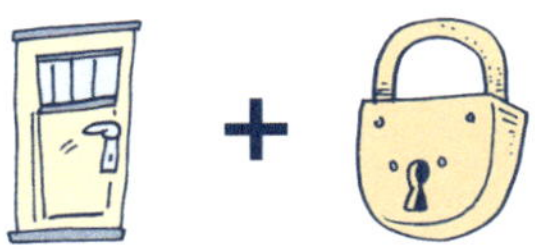
....

....

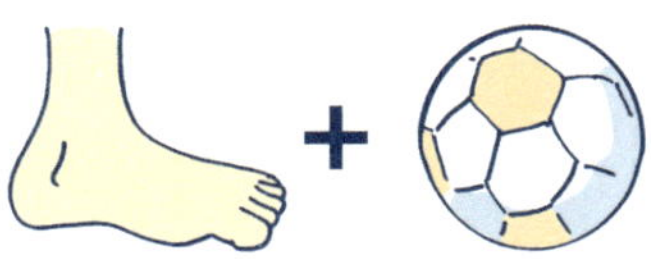
....

....

....

2. *Bilde zusammengesetzte Nomen und schreibe sie mit dem passenden Artikel auf. Achtung: Diese Nomen werden mit dem Baustein **n** verbunden.*

der Löwe + der Zahn = der Löwenzahn

die Sonne + der Schirm = ...

die Tasche + das Geld = ...

die Blume + die Vase = ...

die Schnecke + das Haus = ...

die Suppe + die Schüssel = ...

die Möhre + der Salat = ...

die Straße + die Laterne = ...

die Wolke + der Kratzer = ...

die Klasse + die Lehrerin = ...

3. *Bilde zusammengesetzte Nomen und schreibe sie mit dem passenden Artikel auf. Achtung: Diese Nomen werden mit dem Baustein **er** verbunden.*

das Kind + der Garten = der Kindergarten

das Bild + der Rahmen = ...

das Lied + das Buch = ...

der Geist + die Bahn = ...

das Buch + der Schrank = ...

das Licht + die Kette = ...

das Kind + das Zimmer = ...

das Kleid + der Bügel = ...

Wortbausteine

4. *Bilde zusammengesetzte Nomen und schreibe sie mit dem passenden Artikel auf. Achtung: Diese Nomen werden mit dem Baustein **s** verbunden.*

der Esel + das Ohr = das Eselsohr

die Geburt + der Tag = ...

die Zeitung + die Anzeige = ...

der Verkehr + das Schild = ...

der Eingang + die Tür = ...

die Überraschung + das Ei = ...

5. *Bilde zusammengesetzte Nomen und schreibe sie mit dem passenden Artikel auf.*

die Tür + der Rahmen = der Türrahmen

das Ohr + der Ring = ...

der Schlüssel + das Loch = ...

der Stuhl + die Lehne = ...

der Sport + die Tasche = ...

das Haus + der Staub = ...

das Bett + das Tuch = ...

Tipp

Besonders aufpassen musst du bei zusammengesetzten Nomen, wenn zwei gleiche Buchstaben aufeinandertreffen. Du musst dann beide Buchstaben schreiben:

die Tür + der **R**ahmen = der Tü**rr**ahmen.

Manchmal treffen sogar drei gleiche Buchstaben aufeinander. Alle drei Buchstaben müssen auch geschrieben werden:

das Schi**ff** + die **F**ahrt = die Schi**fff**ahrt.

Test

3

Bilde zusammengesetzte Nomen.
Schreibe sie mit dem passenden Begleiter auf.

Hand	Sturm	
Schnecke	Haus	
Herbst	Tuch	
Pferd	Stall	

Nuss	Schale	
Bad	futter	
Suppe	Löffel	
Hund	Anzug	

Tür	Wanne	
Bad	Ring	
Finger	Tag	
Donner	Rahmen	

Pfand	Schloss	
Salat	Schüssel	
Flasche	Dose	
Fahrrad	Hals	

Wortbausteine

1

Nomen und ihre Wortbausteine (1)

Einige Nomen fangen mit kleinen Bausteinen, den **Vorsilben** an. Merke dir gut, wie diese Vorsilben geschrieben werden. Wichtige Vorsilben bei Nomen sind:
Ab-, **An**-, **Ent**-, **Ver**- und **Vor**-.

Hier findest du einige Beispielwörter mit diesen Vorsilben:
Abfahrt, **An**schrift, **Ent**schuldigung, **Ver**kehr, **Vor**fahrt.

2

1. *In jeder Wörterreihe haben sich fünf Nomen mit dem Baustein **Ab**-, **An**-, **Ent**-, **Ver**- oder **Vor**- versteckt. Markiere die Wörter.*

NEUABTEILOFTABSATZWIRABSCHIEDNIEABSCHNITT
WIRABFAHRTENDE

NEUANHANGOFTANRUFWIRANSCHRIFTNIEANTRAG
JETZTANNAHMEBALDENDE

NEUENTFERNUNGOFTENTSCHEIDUNGWIRENTSCHUL-
DIGUNGNIEENTTÄUSCHUNGJETZTENTWICKLUNGENDE

NEUVERBANDOFTVERBOTWIRVEREINNIEVERKEHR
JETZTVERSTANDENDE

NEUVORFAHRTOFTVORHANGWIRVORMITTAGNIEVOR-
SCHLAGJETZTVORTRAGENDE

2. *Schreibe die Wörter aus Aufgabe 1 auf.*

Vorsilbe **Ab**-: ....

Vorsilbe **An**-: ....

Vorsilbe **Ent**-: ....

Vorsilbe **Ver**-: ....

Vorsilbe **Vor**-: ....

3. *Suche zu den Verben das verwandte Nomen.*

1	binden	2	Abfahrt
2	fahren		Anschrift
3	hängen		Verband
4	teilen		Abteil
5	nehmen		Entscheidung
6	scheiden		Anhang
7	schneiden		Abschnitt
8	schreiben		Abnahme

Test

3

Immer zwei Wörter passen nicht. Streiche sie durch.

Abfall, ~~Abend~~, Abhang, Abfluss, Abenteuer, Absatz

Anhang, Anfang, Angel, Anblick, Ananas, Andenken

Entfernung, Endergebnis, Enttäuschung, Endlauf, Entzündung

Verband, Verbot, Veranda, Verkehr, Versand, Verben, Verschluss

Enttäuschung, Versand, Annahme, Abbildung, Vorrat, Abhang

Tipp
So unterscheidest du die Bausteine **Ent-/ent** und **End-/end-** :
Der Baustein **End-/end-** gehört zur Wortfamilie „Ende".

1

Nomen und ihre Wortbausteine (2)

Wenn Wörter mit den Bausteinen bzw. Nachsilben **-heit, -keit, -ung, -schaft** und **-nis** enden, kannst du daran erkennen, dass es sich um Nomen handelt.
Nomen werden **großgeschrieben**:

die Frei**heit**, die Tapfer**keit**, die Zeit**ung**, die Kamerad**schaft**, das Erleb**nis**.

2

1. *Ordne die Wörter nach ihren Nachsilben.*

Klugheit – Süßigkeit – Dunkelheit – Mannschaft – Zeugnis – Leistung – Fröhlichkeit – Rechnung – Erlaubnis – Freiheit – Freundschaft – Ehrlichkeit – Erlebnis – Sammlung – Landschaft – Schönheit – Heizung – Feuchtigkeit – Gemeinschaft – Kleidung – Geheimnis

-heit: ....

-keit: ....

-ung: ....

-schaft: ....

-nis: ....

2. *Bilde aus den folgenden Wörtern mithilfe der Bausteine **-heit**, **-keit** und **-nis** Nomen.*

flüssig die Flüssigkeit

aufmerksam ....

berühmt ....

dumm ....

einsam ....

finster ....

3. *Bilde aus den folgenden Wörtern mithilfe der Bausteine **-heit**, **-keit** und **-nis** Nomen.*

frei ....

freundlich ....

geheim ....

gesund ....

krank ....

möglich ....

sauber ....

schön ....

schwierig ....

vergangen ....

4. *Bei diesen Verben musst den Baustein **-en** löschen. Dann kannst du mithilfe des Bausteins **-ung** Nomen zaubern.*

üben die Übung

achten ....

berichtigen ....

entfernen ....

erzählen ....

führen ....

heizen ....

herstellen ....

reinigen ....

Wortbausteine

5. *Bei diesen Adjektiven und Verben musst du die Bausteine **-nen** oder **-en** löschen. Dann kannst du mithilfe des Bausteins **-nis** Nomen zaubern.*

	Singular (Einzahl)	Plural (Mehrzahl)
ereignen	das Ereignis	die Ereignisse
verzeichnen		
kennen		
erleben		
begraben		
erschweren		
zeugen		

Tipp
Bei Wörtern mit dem Wortbaustein **-nis** wird das **s** in der Pluralform verdoppelt:
das Ereignis – die Ereignisse,
das Geheimnis – die Geheimnisse.

6. *Diese Wortstämme brauchen unterschiedliche Bausteine, um zu einem Nomen zu werden, zum Beispiel die Bausteine **-ig** oder **-lich** und dazu den Baustein **-keit**.*

Wortstamm	1. Baustein	2. Baustein	Nomen
ehr-	ig/lich	keit	die Ehrlichkeit
freund-	ig/lich	keit	die

Wortstamm	1. Baustein	2. Baustein	Nomen
geschwind-	ig/lich	keit	
herz-	ig/lich	keit	
müd-	ig/lich	keit	

Test

3

a) Verwandle die folgenden Wörter in Nomen und schreibe sie mit dem passenden Artikel auf.

schön ....

entdecken ....

dankbar ....

erzählen ....

frei ....

üben ....

b) Jetzt kannst du zeigen, ob du die geübten Wörter auch richtig schreiben kannst.

Wortdiktat

das Erlebnis, das Gedächtnis, die Ärztin,
die Bäckerei, die Berichtigung, die Dunkelheit,
die Ereignisse, die Erzählung, die Freiheit,
die Freundlichkeit, die Freundschaft, die Gärtnerei,
die Landschaft, die Lehrerin, die Müdigkeit,
die Rechnung, die Zeugnisse, die Hindernisse
(Wortanzahl: 36 Wörter)

Wortbausteine

1

Verben mit Vorsilben

Viele Verben können mit einer **Vorsilbe** stehen.
Dabei verändern sie ihre Bedeutung:
schreiben – **auf**schreiben, **be**schreiben, **ab**schreiben, **vor**schreiben, **mit**schreiben, **ver**schreiben.

2

1. *Hier findest du verschiedene Vorsilben. Schreibe Sie unten auf.*

vor- her- zu- aus- dar- an- be- unter- bei- hin- ver- weg- über- zer- mit- ab- ent- ge- auf- durch-

Vorsilben mit zwei Buchstaben: ....

....

Vorsilben mit drei Buchstaben: ....

....

Vorsilben mit mehr als drei Buchstaben: ....

....

2. *Setze die Vorsilben mit dem Verb **laufen** zusammen.*

~~mit-~~ ent- vor- ver- weg- nach-

mitlaufen, ...

....

....

3. *Setze die Vorsilben mit dem Verb* ***stellen*** *zusammen.*

~~dar-~~ be- ver- auf- weg- aus- ab- an-

darstellen, ……………………………………

……………………………………

……………………………………

4. *Setze die Vorsilben mit dem Verb* ***gucken*** *zusammen.*
Achtung: Zwei Vorsilben passen nicht! Streiche sie durch.

~~hin-~~ be- ent- an- weg- zer- ab-

hingucken, ……………………………………

……………………………………

……………………………………

5. *Setze die Vorsilben mit dem Verb* ***schreiben*** *zusammen.*
Achtung: Zwei Vorsilben passen nicht! Streiche sie durch.

~~auf-~~ be- ent- an- weg- hin- unter- ab-

aufschreiben, ……………………………………

……………………………………

……………………………………

Wortbausteine

6. *Baue mithilfe der Vorsilbe **über** und den folgenden Verben neue Verben.*

holen – hören – schnappen – stehen – treiben

....

....

....

....

7. *Setze die Wortbausteine zusammen.*
Achte dabei besonders auf die Endung der Vorsilbe und den Anfangsbuchstaben des Verbs!

ab + bilden | biegen | brennen | bürsten

....

....

....

auf + fangen | fahren | fallen | fassen | fliegen

....

....

....

ver + rutschen | reisen | rechnen | raten | rühren

....

....

....

Test

a) Markiere in allen Verben die Vorsilben.
Streiche das Wort durch, das nicht in die Reihe passt.

vorlesen, gelesen, belesen, ~~entlesen~~, verlesen, durchlesen

angucken, mitgucken, weggucken, beigucken, hingucken

anfahren, unterfahren, auffahren, mitfahren, wegfahren, fortfahren

entdecken, verdecken, bedecken, zerdecken, abdecken, zudecken

b) Schreibe nun ein Diktat.

Lisa und Hanna
Am Morgen sind Lisa und Hanna aufgestanden. Danach haben sie sich gewaschen und angezogen, ihr Müsli aufgegessen und ihre Milch ausgetrunken. In der Schule hat Frau Nett eine Geschichte vorgelesen. Dann wurde gerechnet und sechs Wörter von der Tafel abgeschrieben. Die Klasse musste die Wörter verreisen, abbiegen, entdecken, auffangen, angucken und verraten ins Heft schreiben.
Ob Lisa und Hanna alle Wörter richtig geschrieben haben?
(Wortanzahl: 67)

Wortbausteine

1

Wortbausteine von Adjektiven

Adjektive werden **kleingeschrieben**. Adjektive sagen wie etwas ist. Manche Adjektive kann man an ihren Nachsilben erkennen. Wörter mit den Nachsilben **-ig**, **-lich**, **-isch**, **-haft**, **-bar** und **-sam** sind immer Adjektive:

windi**g**, freund**lich**, laun**isch**, traum**haft**, les**bar**, acht**sam**.

2

1. *Kennzeichne die Nachsilben der Adjektive. Ordne die Adjektive dann nach ihren Nachsilben.*

ärgerlich – dankbar – praktisch – freundlich – komisch
ruhig – langsam – sportlich – traurig – türkisch – lesbar
richtig – lösbar – ordentlich – traumhaft – grausam –
flüssig – essbar – billig – schwatzhaft – stürmisch

-ig: ....

....

-lich: ....

....

-isch: ....

....

-haft: ....

....

-bar: ....

....

-sam: ....

....

2. *Verwandele die Nomen mithilfe der Nachsilben **-ig, -lich** und **-isch** in Adjektive. Achte auf die passenden Endungen! Mache zur Sicherheit die Verlängerungsprobe.*

die Wolken	wolkig	das wolkige Wetter
der Regen		
die Sonne		
der Nebel		
das Eis		
der Schreck		
der Sturm		
der Winter		
der Wind		
der Herbst		
der Freund		
der Sommer		
der Herr		
der Frost		

Tipp

Wenn man ein Adjektiv verlängert, kann man unterscheiden, ob es mit der Endung **-ig**, **-lich** oder **-isch** gebildet wird:

schmutz**ig** – der schmutz**ige** Schuh,
glück**lich** – das glück**liche** Kind,
betrüger**isch** – der betrüger**ische** Dieb.

Wortbausteine

3. *Wenn du den Baustein* ***un-*** *vor ein Adjektiv setzt, ändert sich dessen Bedeutung. Achtung: Bei zwei Adjektiven entsteht ein Wort, das es gar nicht gibt!*

ordentlich ....

dankbar ....

ruhig ....

lesbar ....

traurig ....

schwierig ....

freundlich ....

vorsichtig ....

praktisch ....

geduldig ....

Test

a) Verwandle die Nomen in Adjektive.

die Lust ....

der Typ ....

die Angst ....

die Vorsicht ....

die Geduld ....

der Sport ....

der Freund ....

das Ende ....

b) Lass dir den folgenden Text diktieren.

Das regnerische, stürmische, eisige und manchmal sonnige oder neblige Aprilwetter finde ich ärgerlich und schrecklich. Manchmal finde ich es auch lustig und witzig. Welches Wetter magst du am liebsten?

*c) Trage in jede Spalte der Tabelle fünf Adjektive ein, die auf **-ig**, **-lich**, **-isch**, **-haft** oder **-bar** enden.*

So bin ich:	So wäre ich gern:

4. Wortfamilien

1

Wortfamilien

Zu einer **Wortfamilie** gehören Wörter mit dem gleichen **Wortstamm**. Der Wortstamm ist der Kernbaustein eines Wortes. Man kann ihn nicht weiter zerlegen.
Die folgenden Wörter gehören zur Wortfamilie **WORT**:
Ant**wort**, **Wort**art, **wort**karg, beant**wort**en, Verant**wort**ung.
Oft verändert der Stamm sein Aussehen:
wortreich, **wört**lich, **das Wört**erbuch,
denken – Ge**dank**e – das Ge**dächt**nis,
fahren – er **fuhr** – die **Fähr**te.

2

1. *Hier findest du Wörter aus fünf Wortfamilien. Markiere in allen Wörtern den Wortstamm.*

schreiben – Schreibheft – du schreibst – geschrieben
wir lesen – Lesebuch – du liest – gelesen – leserlich
wir malen – Malbuch – du malst – gemalt – malerisch
wir essen – Esstisch – du isst – gegessen – essbar
wir spielen – Spielfilm – du spielst – gespielt – spielerisch

2. *Markiere in den Wörtern aus den Wortfamilien **FALL**, **HALT**, **SCHLAF**, **FANG** und **FAHR** den Wortstamm. Was fällt dir auf?*

fallen – schlafen – fangen – halten – fahren – er fällt – sie schläft – er fängt – sie hält – sie fährt – gefallen – geschlafen – gefangen – gehalten – gefahren – das Fahrrad – der Schlaf – der Zufall – der Fang – der Füllhalter – die Fahrkarte – schläfrig – haltbar – gefährlich

....

....

3. *Sortiere die Wörter aus Aufgabe 2 nach ihrem Stamm. Markiere den Stamm farbig.*

FALL: ....

....

HALT: ....

....

SCHLAF: ....

....

FANG: ....

....

FAHR: ....

....

4. *Schreibe die Wörter aus Aufgabe 3 auf, in denen sich der Vokal **a** im Wortstamm in den Umlaut **ä** verwandelt.*

....

....

....

5. *Überlege, ob folgende Wörter auch zu den Wortfamilien in Aufgabe 3 gehören: **er fiel**, **sie hielt**, **er schlief**, **sie fing**, **es fuhr**.*

....

....

....

....

Wortfamilien

6. *Schreibe die Vergangenheitsformen aus Aufgabe 5 zu den passenden Wortstämmen in Aufgabe 3.*

Tipp
Wenn du von wichtigen Wörtern die Wortstämme kennst, ist dieses Wissen für dich wie ein kleiner Rechtschreibcomputer. Du kannst dir die Schreibweise vieler Wörter herleiten. Außerdem kannst du spielend leicht neue Worte „basteln“. Hier ein Beispiel:

Wortstamm **FERN**: die Ferne, entfernen, die Entfernung,
Wortstamm **SEH**: ansehen, fernsehen, die Sehhilfe,
Wortstamm **SEND**: senden, gesendet, die Sendung.

7. *Markiere in den Beispielwörtern im Tipp-Kasten die Wortstämme. Finde neue Wörter mit den Wortstämmen.*

FERN: ....

....

SEH: ....

....

SEND: ....

....

8. *Mit dem Wortstamm SPIEL kannst du eine Reihe neuer Wörter bilden. Verbinde dazu folgende Wortbausteine mit dem Stamm und bilde zusammengesetzte Nomen.*

~~Ball~~ Fußball Angel Brett Ende Karten

Ballspiel, ...

....

9. *Verbinde den Wortstamm SPIEL mit folgenden Verbbausteinen. Manche Bausteine werden zweimal benötigt.*

-en -e -st -t

ich ....

du ....

er/sie/es ....

wir ....

ihr ....

sie ....

Test

3

Markiere in den Wörtern unten den Wortstamm.
Achtung: In jeder Reihe gibt es einen Ausreißer!
Kreise ihn ein.

lesbar, gelesen, vorlesen, Lesebuch, du liest

Fahrbahn, Abfahrt, sie fuhr, gefahren, Ausfahrt

Schlafsaal, Schlafanzug, er schlief, verschlafen

ich fange, empfangen, ich fing, der Anfang, der Fang

der Fall, der Fallschirm, ich fiel, gefallen, der Beifall

ansehen, gesehen, ich sehe, er sieht, zusehen

Wortfamilien

1

Wörter mit gleichen und ähnlichen Wortstämmen

Wörter mit dem gleichen Wortstamm gehören zu einer Wortfamilie. Wenn du einmal weißt, wie der Wortstamm einer Wortfamilie geschrieben wird, hilft dir dieses Wissen, wenn du andere Wörter aus der Wortfamilie schreiben willst.
Du musst also nicht jedes Wort aus einer Wortfamilie lernen.

Oft ist es aber schwer, den Wortstamm zu erkennen.
Dann hilft nur das Forschen und Üben. In Aufgabe 1 findest du Wörter, die zu acht unterschiedlichen Wortfamilien gehören, und zwar **DECK**, **ESS**, **FAHR**, **GUCK**, **LEB**, **SCHEID**, **SETZ** und **ZIEH**. Wenn du dir die folgenden Wörter genau anschaust, entdeckst du die Wortstämme sicher wieder:

ange**guck**t, an**zieh**en, be**leb**t, be**setz**t, wir ent**scheid**en, ge**deck**t, ich **ess**e, ge**fahr**en.

2

1. *Markiere die Wortstämme.*

der Absatz – der Anzug – der Aufsatz – die Decke – die Erzieherin – die Scheidung – die Zügel – du fährst – du guckst – du entdeckst – entschieden – entsetzlich – er fuhr – er isst – das Erlebnis – es zog – essbar – das Esszimmer – das Fahrrad – gegessen – geguckt – gelebt – gesetzt – gezogen – das Guckloch – sie guckte – ich deckte – lebendig – lebhaft – sie lebte – verschieden – unentschieden – das Verdeck – versetzt – die Vorfahrt – wegfahren – wir aßen – zudecken – zugucken

2. *Ordne die Wörter aus Aufgabe 1 den passenden Wortstämmen zu.*

DECK: ....

....

ESS: ....

....

FAHR: ....

....

GUCK: ....

....

LEB: ....

....

SCHEID: ....

....

SETZ: ....

....

ZIEH: ....

....

3. *Welche Wörter aus Aufgabe 1 haben einen Wortstamm, der mit den Wortstämmen aus Aufgabe 2 nur entfernt verwandt ist? Notiere diese Wörter in deinem Heft.*

Diktat

3

Wörter mit gleichen und ähnlichen Wortstämmen
der Schiedsrichter, das Fahrrad, das Erlebnis,
das Esszimmer, die Vorfahrt, das Verdeck,
die Erzieherin, er fuhr, wir aßen, er hat sich gesetzt,
es wurde gezogen, sie sind geschieden
(Wortanzahl: 28)

5. Lese- und Verstehenshilfen

1

Großschreibung am Satzanfang

Ein Satz ist eine **Sinneinheit**. Das erste Wort im Satz schreibt man groß. Am Ende eines Aussagesatzes steht ein **Punkt**.

Hanno malt sich einen Drachen.

Hanno ist ein kleiner Junge.

2

1. *Unterstreiche jeden Satz in einer anderen Farbe. Setze am Ende des Satzes einen Punkt. Markiere den ersten Buchstaben am Satzanfang farbig.*

Hanno ist ein kleiner dicker Junge Er geht nicht gern zur Schule Die Kinder lachen ihn aus Der Ludwig schubst ihn und nennt ihn Fußballbauch Ludwig hat viele Freunde Hanno hat keinen Freund

2. *Setze einen Punkt, wenn ein Satz zu Ende ist. Schreibe das erste Wort im Satz groß.*

H
hanno ist traurig. nach der Schule will er nicht nach Hause gehen er setzt sich auf eine Bank mit einem Zweig malt er Striche, Kringel und einen Kreis in den Sand da sieht er etwas aus dem Kreis wird ein richtiger Kopf plötzlich steht ein kleiner Drache vor Hanno so einen komischen Drachen hat Hanno noch nie gesehen der Drache kann sogar sprechen er ist von zu Hause weggelaufen und will bei Hanno bleiben

3. *Setze auch hier am Satzende einen Punkt und schreibe das erste Wort am Satzanfang groß*

der kleine Drache wohnt bei Hanno im Schulranzen der Drache und Hanno werden gute Freunde sie singen und tanzen gemeinsam da kommt Hannos Mutter ins Zimmer von dem kleinen Drachen merkt sie nichts der kleine Drache gehört Hanno niemand sonst kann ihn sehen

Tipp
Denke auch im folgenden Diktat daran, am Satzanfang großzuschreiben. Auch Überschriften schreibst du immer groß.

Diktat

3

Hanno und der kleine Drache
Der kleine Drache wohnt bei Hanno. Er hat Platz in Hannos Schulranzen. Beide werden sehr gute Freunde. Sie singen und tanzen zusammen.
Da kommt Hannos Mutter ins Zimmer. Aber von dem kleinen Drachen merkt sie nichts. Der kleine Drache gehört Hanno ganz allein. Niemand sonst kann ihn sehen. Hättest du auch gerne einen kleinen Drachen?
(Wortanzahl: 60)

Tipp
Hannos Geschichte kannst du im Buch „Hanno malt sich einen Drachen“ von Irina Korschunow nachlesen (Deutscher Taschenbuch Verlag, München 1985).

1

Satzschlusszeichen (1)

Ein **Satz** ist eine **Sinneinheit**. Ein Satz kann zum Beispiel eine Aussage, eine Frage, eine Bitte oder ein Befehl sein. Am Ende des Satzes steht ein **Punkt**, ein **Fragezeichen** oder ein **Ausrufezeichen**.

Sätze können aus vielen Wörtern, aber auch nur aus einem einzigen Wort bestehen.

Das erste Wort in einem Satz wird immer großgeschrieben. So erkennt man gleich, wo ein neuer Satz anfängt.

Der Dieb läuft davon.
Wird die Polizei den Dieb fangen?
Komm! **H**alt! **S**topp! **N**ein!

2

1. *Setze im folgenden Text neun Punkte. Schreibe die Satzanfänge groß.*

hallo, ich bin der Punkt man nennt mich auch Satzschlusszeichen, aber das ist ein langes Wort, nennt mich besser einfach nur Punkt

ich stehe am Ende eines Satzes oft bin ich ganz traurig dann kann es schon mal sein, dass ich weine viele Kinder mögen mich nicht sie beachten mich nicht, wenn sie lesen oder laut vorlesen sie vergessen mich, wenn sie schreiben ich bin eben sehr klein, aber ich bin trotzdem sehr wichtig

Test

In diesem Text fehlen elf Punkte, drei Fragezeichen und ein Ausrufezeichen.
Setze die fehlenden Satzzeichen ein.
Schreibe die Satzanfänge groß.

ich bin der Punkt warum ich ganz wichtig bin, erzähle ich dir jetzt du weißt, dass ich auch Satzschlusszeichen genannt werde wusstest du, dass ich noch zwei Schwestern habe das sind das Fragezeichen und das Ausrufezeichen weißt du, wie mein Bruder heißt er heißt Doppelpunkt unser Nachname ist Lesezeichen wir sagen dir, wo ein Satz zu Ende ist wir zeigen an, dass du eine Lesepause machen musst wir zeigen dir, ob du einen Aussagesatz, einen Fragesatz oder einen Ausrufesatz vor dir hast mein Bruder zeigt dir an, dass jemand spricht oder etwas erzählt aber das erkläre ich dir später genauer hast du alles verstanden prima

1

Satzschlusszeichen (2)

Der **Punkt**, das **Ausrufezeichen** und das **Fragezeichen** sind **Satzschlusszeichen**. Diese Zeichen erleichtern dir das Lesen von Texten. Deshalb nennt man diese Zeichen auch **Lesezeichen**. Nach einem Satzschlusszeichen wird groß weitergeschrieben.

Der **Aussagesatz** endet mit einem **Punkt**.

Ich gehe heute schwimmen.

Der **Fragesatz** endet mit einem **Fragezeichen**.

Gehst du heute rodeln? **Wann** gehst du rodeln?

Der **Ausrufesatz** oder **Befehlssatz** endet mit einem **Ausrufezeichen**.

Ich will endlich mal wieder schwimmen gehen!

Geh doch endlich mal wieder schwimmen!

2

1. *Setze Punkte am Satzende. Schreibe Satzanfänge groß.*

D

die drei Freunde Punkt, Ausrufezeichen und Fragezeichen wollten nicht mehr Punkt, Ausrufezeichen und Fragezeichen sein sie wollten ins Märchenland auswandern dort wollten sie Abenteuer erleben gemeinsam packten sie ihre Rucksäcke aber keiner von ihnen kannte den Weg ins Märchenland auch im Internet fanden sie keinen Hinweis deswegen sind sie immer noch bei uns

Tipp

Aussagesätze berichten und erzählen von einem Geschehen oder beschreiben es.

2. *Formuliere zu den Antworten die passenden Fragen. Verwende dazu die Fragewörter aus dem Tippkasten. Setze außerdem in allen Sprechblasen das passende Satzschlusszeichen.*

Wann gehst du ins Kino

Ich gehe jetzt ins Kino

....

....

Der Film heißt Rico, Oskar und die Tieferschatten

....

....

Der Film dauert zwei Stunden

....

....

Ich gehe mit meiner Schwester ins Kino

Ich will mitgehen

Nein

Tipp

Fragesätze können mit einem **Fragewort** beginnen. Das sind die wichtigsten Fragewörter:

wer, wie, wann, was, wieso, warum, weshalb, woher, wohin, wovon, mit wem, wie lange, wie viel(e).

Lese- und Verstehenshilfen

3. *Setze passende Fragewörter ein. Manchmal gibt es mehrere Möglichkeiten.*

.... kommst du?

.... willst du gehen?

.... spielst du am liebsten?

.... träumst du?

.... bist du traurig?

4. *In der Wörterkette sind verschiedene Ausrufe und Aufforderungen versteckt. Trenne die Wörter und schreibe die einzelnen Ausdrücke auf. Denke an das Ausrufezeichen und die Großschreibung am Satzanfang.*

oh/wie/schön/dastutmiraberleidlassdasseinichhabedich liebhöraufzuquengelnbittekommendlichräumendlichaufgeh dawegabermitvergnügen

Oh! ....

....

....

....

....

Tipp

Ausrufezeichen setzt man, wenn ein Satz als Ausruf gemeint ist. Man setzt sie aber auch, wenn ein Satz andere Personen dazu auffordern soll, etwas zu tun oder zu lassen.

Das ist ja prima!/Nicht schon wieder! (Ausruf)

Gib das her!/Streng dich an! (Aufforderung)

5. *Setze die passenden Satzschlusszeichen ein.*

Heute ist hausaufgabenfrei

Ihr seid wieder viel zu laut

Nehmt endlich eure Hausaufgaben heraus

Können Sie das noch einmal erklären

Muss ich schon wieder den Müll raustragen

Gestern war aber schönes Wetter

Heute darf ich mir das Fußballspiel anschauen

Tipp
Manchmal gibt es Sätze, an deren Ende sowohl ein Punkt als auch ein Ausrufezeichen stehen kann, je nachdem mit wieviel Nachdruck jemand etwas sagt.

Test

3

Setze die passenden Satzschlusszeichen ein.

Kannst du heute Nachmittag zum Spielen kommen

Ich muss erst meine Oma fragen, ob ich kommen kann

Ich will heute unbedingt mit Ole spielen

Hast du schon Hausaufgaben gemacht

Hausaufgaben mache ich später

Was hast du denn heute auf

Wir müssen Satzschlusszeichen üben

Du bist spätestens um 18.00 Uhr zu Hause

Och nein, das ist viel zu früh

Lese- und Verstehenshilfen

1

Satzzeichen in der wörtlichen Rede

Wörtliche Rede nennt man die Stellen im Text, an denen gesprochen oder gedacht wird.

Frau Berens erklärt: „Heute lesen wir ein Buch."

Der **Begleitsatz** erklärt dem Leser, wer gerade etwas fragt, sagt, denkt oder fühlt. Der Begleitsatz steht im Beispiel oben vor der wörtlichen Rede. Man sagt deshalb auch **vorangestellter Begleitsatz**. Am Ende des vorangestellten Begleitsatzes steht ein **Doppelpunkt**. Danach wird das erste Wort großgeschrieben.

Damit der Leser weiß, wann die wörtliche Rede beginnt und wann sie aufhört, setzt man sie in sogenannte **Anführungszeichen** oder **Redezeichen**.

Frau Berens erinnert: „Denkt an eure Bücher!"

2

1. *Lies den ganzen Text einmal durch. Unterstreiche dann die Begleitsätze mit einem blauen Stift und die wörtliche Rede mit einem gelben Stift. Trage die Redezeichen ein.*

Die Lehrerin sagt: „Heute übt ihr als Hausaufgabe das Abschreiben." Christine meint: Ich kann schon abschreiben. Ihr Tischnachbar erklärt: Das kann sie wirklich. Alle Aufgaben schreibt sie von mir ab.
Die Lehrerin ruft: Aber du darfst doch nicht abschreiben!
Christines Mama fragt Christine: Was hast du denn in Deutsch auf? Christine antwortet: Das Abschreiben üben, aber ich darf ja nicht abschreiben.

2. *Ergänze die fehlenden Doppelpunkte und Redezeichen.*

Die eigensinnigen Ziegen

Zwei Ziegen trafen sich auf einer schmalen Brücke.

Die eine Ziege meckerte Geh mir aus dem Weg!

Ich war zuerst da.

Die andere meckerte zurück Geh du doch aus dem Weg! Ich bin viel stärker als du.

Die eine Ziege antwortete Das wollen wir mal sehen.

Die andere Ziege machte einen Schritt nach vorn und rief Also willst du Streit!

Sie stritten bis beide Ziegen im Wasser landeten.

Test

3

Ergänze die fehlenden Doppelpunkte und Redezeichen.

Papa meint zu Leo Hilfst du mir beim Abtrocknen?

Leo meckert Wieso fragst du mich? Frag doch Mama!

Papa antwortet Mama hängt gerade die Wäsche auf.

Leo schimpft Nur Mädchen trocknen ab.

Papa lacht Bin ich ein Mädchen?

Jetzt lacht auch Leo Na gut, dann helfe ich dir.

Papa freut sich Danke! Zu zweit geht es viel schneller.

1

Wörtliche Rede: Der nachgestellte Begleitsatz

Der **Begleitsatz** der wörtlichen Rede kann **nachgestellt** sein. Der nachgestellte Begleitsatz wird durch ein Komma von der wörtlichen Rede abgetrennt.

„Warum ist die wörtliche Rede wichtig?", fragt Peter.
„Satzzeichen sind Lesezeichen!", brüllt Herr Deutsch.
„Ich erkläre euch die wörtliche Rede", sagt Herr Deutsch.

Achtung: Der Punkt am Ende der wörtlichen Rede entfällt vor dem Komma!

2

1. *Setze in der Fabel die Zeichen der wörtlichen Rede richtig ein. Unterstreiche dazu zuerst die Redeteile.*

Die Fabel vom Fuchs und der Gans

Zufällig kam eines Tages die Gans bei einem Fuchs vorbei. Bleib doch zum Essen sagte der Fuchs scheinheilig zur Gans.
Danke gern, was gibt es denn fragte die Gans.
Natürlich Gänsebraten hauchte der Fuchs und drehte der Gans den Hals um.
Man sollte vielleicht nicht alle Einladungen annehmen.

2. *Setze die Zeichen der wörtlichen Rede richtig ein. Unterstreiche dazu zuerst die Redeteile.*

Zwei Ziegen begegneten sich auf einem schmalen Steg, der über einen tiefen Bach führte. Die eine wollte hinüber, die andere herüber.
Geh mir aus dem Wege sagte die eine.

Das mache ich nicht rief die andere. Geh du zurück und lass mich hinüber, ich war zuerst auf der Brücke schimpfte sie weiter.
Was fällt dir ein? Ich bin so viel älter als du und soll dir weichen schimpfte wieder die andere Ziege.

Test

3

Setze die Zeichen der wörtlichen Rede richtig ein.
Unterstreiche dazu zuerst die Redeteile.

Auszug aus der Fabel „Der Löwe und die Maus“

Eines Tages lief eine kleine Maus auf dem Kopf des Löwen herum. Der Löwe erwachte.
Wer stört meinen Schlaf brüllte er.
Entschuldige bitte, Löwe. Ich wollte euch nicht stören piepste die Maus. Bitte lasst mich leben. Eines Tages kann ich dir vielleicht helfen bettelte sie.
Wie kann eine winzige Maus jemals irgendetwas tun, um mir zu helfen lachte der Löwe. Na gut meinte er dann. Du bist sowieso nur eine halbe Portion sagte er und ließ die Maus großzügig frei.

1

Wörtliche Rede: Der eingeschobene Begleitsatz

Aussagesatz

„Der eingeschobene Begleitsatz“, **erklärt Herr Wort,** „wird durch Kommas abgetrennt.“

Fragesatz

„Habt ihr verstanden“, **fragt Herr Wort,** „dass der eingeschobene Begleitsatz durch Kommas abgetrennt wird?“

Ausrufesatz

„Immer noch nicht“, **brüllt die ganze Klasse,** „erklären Sie es noch mal!“

Tipp
Beim eingeschobenen Begleitsatz stehen beide Teile des Redesatzes in Redezeichen.

2

1. *Setze die Zeichen der wörtlichen Rede richtig ein. Trenne eingeschobenen Begleitsätze duch Kommas ab.*

Eric hat Lust auf etwas Süßes. Er geht in die Küche, um sich eine kleine Nascherei zu holen.

Nimm uns rufen die Schokoladenkekse wir sind lecker!

Tu es nicht tönt es von der Obstschale her wir sind viel gesünder. Drei knackige Äpfel lachen Eric an.

Doch da hört Eric eine Stimme aus dem Kühlschrank.

Ich bin auch gesund protestiert der Joghurt ich bin aus Milch gemacht. Jetzt weiß Eric gar nicht mehr, was er essen soll!

Test

3

Setze die Zeichen der wörtlichen Rede richtig ein. Trenne eingeschobene Begleitsätze durch Kommas ab.

Verwirrt sitzt Eric in der Küche. Er hat immer noch Hunger.

Da meldet sich eine Stimme aus dem Gemüsefach.

Mich magst du wohl nicht ruft die Karotte ich bin dir wohl zu knackig!

Und was ist mit uns beschweren sich die Kartoffeln wir liefern dir Kohlehydrate und Ballaststoffe.

Jetzt hat Eric eine tolle Idee. Wisst ihr was ruft er begeistert ich esse in Zukunft von allem ein bisschen! Dann kommt keiner zu kurz!

Daraufhin ist in der Küche lautes Gejubel zu hören.

Das ist eine gute Idee rufen die Lebensmittel gemeinsam im Chor so können wir es machen!

1

Großschreibung: Nomen (1)

Nomen sind besondere Wörter, denn sie werden am Wortanfang immer **großgeschrieben**. Nomen bezeichnen

Lebewesen: Menschen, Tiere, Pflanzen,
Dinge, die man sehen oder anfassen kann: Möbel, Kleidung, Fahrzeuge, Schulsachen,
Gefühle: Liebe, Freude, Trauer, Wut, Geduld,
Ereignisse: Sturm, Ostern.

2

1. *Markiere alle Nomen im Text. Schreibe ihren Wortanfang groß.*

Du hast bestimmt schon gelernt, dass es verschiedene wortarten gibt. Du kennst nomen, adjektive und verben. Heute fragt die lehrerin die kinder, ob das wort feuer ein nomen, ein verb oder ein adjektiv ist. Ulla meint, dass das wort feuer kein nomen sein kann. Schließlich kann kann man ein feuer nicht einfach anfassen, sonst verbrennt man sich. Die lehrerin schreibt darauf an die Tafel: das große feuer, ein helles feuer, das gefährliche feuer. Ulla strahlt. Das wort feuer ist doch ein nomen. Denn vor ein nomen kann man immer Artikel (begleiter) und adjektive (wiewörter) setzen.

2. *Schreibe fünf Nomen aus dem Text mit dem passenden Bgeleiter auf.*

....

....

3. *Setze Adjektive vor die Nomen. Dazu musst du die Endungen der Adjektive verändern.*

fleißig – gefährlich – klein – klug – lebendig – nett – sauber – schlau – schön – verschieden – heiß – winzig – langweilig

das heiße .... Feuer die .... Kinder

die .... Lehrerin die .... Tafel

die .... Verben das .... Wort

Tipp

Immer, wenn du ein Adjektiv vor das Wort setzen kannst, handelt es sich wirklich um ein Nomen.
Das nennt man **Erweiterungsprobe**. Mit dieser Probe kannst du ganze Gedichte bauen, die Treppengedichte:

Das schöne Nomen
Das schöne, kleine Nomen
Das schöne, kleine, kostbare Nomen
Das schöne, kleine, kostbare Nomen ist mein Lieblingswort
Es heißt Ferien

4. *Entwirf ein eigenes Treppengedicht. Wenn dir kein Nomen dazu einfällt, probiere es doch mit dem Wort* ***Ferien****.*

....

....

....

....

....

5. *Verwandele die folgenden Verben in Nomen, indem du einen Artikel davor setzt. Bilde dann Sätze damit.*

~~spielen~~ – schlafen – schwimmen – essen – lesen – leben

Das Spielen mit meiner kleinen Schwester macht mir viel Spaß.

Tipp

Manchmal verwandeln sich Verben in Nomen, wenn ein Artikel davor steht.

Ich konnte gestern nicht **einschlafen**. – Das **Einschlafen** fiel mir gestern schwer.

Auch Adjektive können sich in Nomen verwandeln, wenn ein Artikel davor steht. Lies dazu das Gedicht vom kleinen Blau.

Gedicht vom kleinen Blau

Das kleine Blau
Das kleine, fröhliche Blau
Das kleine, fröhliche, lustige Blau
Das kleine, fröhliche, lustige Blau traf das leuchtende Rot

Test

3

a) Unterstreiche alle Nomen im Text.
Schreibe die Anfangsbuchstaben groß. Wende die Erweiterungsprobe an, wenn du unsicher bist.

Was sind eigentlich N nomen? Gute frage! Nomen sind wörter, die großgeschrieben werden. Nomen benennen Menschen, Tiere, Dinge, Gefühle oder Ereignisse. Der erste buchstabe eines nomens wird immer großgeschrieben. So kann man texte besser und schneller lesen, meinen kluge leute. Stell dir vor, auch verben und adjektive können zu nomen werden. Die erweiterungsprobe hilft dir, nomen sicher zu erkennen. Probiere es aus, dann kannst du diese Aufgabe schnell lösen.

b) Welches der fett gedruckten Wörter ist eigentlich ein Nomen?
Unterstreiche es und verbessere die Schreibweise.

Das schnelle **laufen** ist anstrengend.
Wir **laufen** schnell.

Der Himmel ist schön **blau**.
Das schöne **blau** des Himmels.

Das **klettern** am Gerüst macht Spaß.
Ich mag es, am Gerüst zu **klettern**.

1

Großschreibung: Nomen (2)

Aus dem Adjektiv **schön** wird das Nomen **die Schönheit**.
Aus dem Adjektiv **schwierig** wird das Nomen die **Schwierigkeit**.
Aus dem Verb **prüfen** wird das Nomen die **Prüfung**.
Aus dem Verb **zeugen** wird das Nomen das **Zeugnis**.

An den Wortbausteinen -**heit**, -**keit**, -**nis** und -**ung** kannst du ein Nomen erkennen. Da kannst dir also sicher sein, dass du Wörter, die auf -**heit**, -**keit**, -**nis** und -**ung** enden, großschreiben musst.

2

1. *Bilde mithilfe der Endungen **-heit**, **-keit**, **-nis** und **-ung** Nomen. Vermerke zunächst hinter jedem Wort, welche Endung du dafür benötigst. Schreibe für **-heit** eine 1 hinter das Wort, für die Endung **-keit** eine 2, für **-nis** eine 3 und für **-ung** eine 4.*

berichtigen ④	gemütlich	schön
beschreiben	gründlich	schwierig
bilden	heiter	selten
böse	hell	sprachlos
dankbar	kennen	stur
echt	klar	träge
eigen	klug	verschieden
erlauben	krank	wild
erleben	melden	zärtlich
fähig	münden	wirklich
frei	prüfen	zeugen
geheim	schläfrig	zufrieden

2. *Bilde aus den Wörtern aus Aufgabe 1 Nomen.*

Wörter mit **-heit**: ....

....

....

Wörter mit **-keit**: ....

....

....

Wörter mit **-nis**: ....

....

....

Wörte mit **-ung**: ....

....

....

Diktat

3

Aus Verben und Adjektiven zaubern wir Nomen
Aus dem Verb zeugen wird das Zeugnis,
aus schön wird Schönheit,
aus verschieden wird Verschiedenheit,
aus berichten wird Berichtigung
und aus enden die Endung.
Das Adjektiv selten verwandeln wir in eine Seltenheit.
Aus frei wird die Freiheit,
aus geheim das Geheimnis.
Und aus hell und dunkel
machen wir Helligkeit und Dunkelheit.
(Wortanzahl: 58)

1

Erkennungszeichen von Nomen

Folgende Erkennungszeichen von Nomen kennst du schon:

- den bestimmten Artikel: **der, die, das,**
- den unbestimmten Artikel: **ein, eine,**
- die Nachsilben **-heit**, **-keit**, **-nis** und **-ung**,
- die Erweiterungsprobe: das **tolle, wunderbare** Fest.

Weitere Erkennungszeichen von Nomen sind:

- Wörter, in denen sich ein Artikel versteckt hat, wie **am** (an dem), **beim** (bei dem), **im** (in dem), **vom** (von dem), **ins** (in das), **zur** (zu der), **zum** (zu dem):
  Beim Rennen habe ich mir den Fuß verstaucht.
  Deshalb liege ich **im Bett** und kann nicht zur Schule.
  Niemand kommt **zum Spielen** zu mir.
- **Pronomen** (Fürwörter) wie **mein**, **meine**, **dein**, **deine**, **sein**, **seine**, **ihre**, **ihre**, **unser**, **unsere**, **eurer**, **eure**, **ihr**:
  mein Haus, deine Freunde, unser Auto, ihr Fahrrad.

2

1. *Markiere die Nomen im folgenden Satz.*
Schreibe die Anfangsbuchstaben groß.

Ich wünsche dir zum geburtstag alles gute, viel glück und schöne geschenke.

2. *Markiere alle Nomen.*
Schreibe die Anfangsbuchstaben groß.

Das beste geschenk, was ich zum geburtstag bekommen habe, war ein neues handy. Das schönste Erlebnis an meinem geburtstag war, dass so viele freunde mir gratuliert haben.

3. *Markiere alle Nomen.*
Schreibe die Anfangsbuchstaben groß.

Meine freunde und deine freunde sind unsere freunde.

Zum schlafen trage ich am liebsten kuschelige, dicke socken. Im bett ist mir dann schön warm.

Beim spielen habe ich meinen arm gebrochen. Beim lesen stört der gips nicht, aber beim duschen schon.

Im winter wollen wir mit unserem neuen auto zum rodeln fahren. Meine schwester kommt nicht mit. Sie muss zur arbeit gehen.

Diktat

3

Die Schule der Tiere

Es gab einmal eine Schule der Tiere. Im Unterricht lernten alle Tiere rennen und klettern, fliegen und schwimmen.

Alle Tiere wurden in allen Fächern unterrichtet, obwohl sie dagegen protestierten. Die Ente hatte Schwierigkeiten beim Klettern, der schwere Elefant streikte beim Fliegen. Das Eichhörnchen war gut im Klettern, aber im Fliegen bekam es eine Fünf. Das Kaninchen war im Laufen Klassenbester, hatte aber zum Schwimmen keine Lust. Es bekam auf dem Zeugnis im Laufen eine Eins, aber im Schwimmen eine Fünf. Der Rektor der Schule, ein unzufriedener Aal, wurde abgesetzt und die Schule geschlossen. Was für eine Freude für alle Tiere!
(Wortanzahl: 104)

1

Silbentrennung

Manchmal hat man beim Schreiben am Zeilenende nicht mehr genug Platz. Was ist zu tun? Die einfachste Regel lautet: Schreibe das Wort einfach in die nächste Zeile.
Du kannst das Wort aber auch trennen. Die meisten Wörter werden nach Sprechsilben getrennt. Die Sprechsilben kann man beim langsamen Sprechen hören:

das Fens-ter, schla-fen, das Te-le-fon.

Bei Konsonantenverdopplung trennst du zwischen den Doppelkonsonanten:

der Af-fe, die Wan-ne, ren-nen.

Die Buchstabengruppen **ch**, **ck** und **sch** werden nicht getrennt:

die Lö-cher, die Ta- sche, die Schne-cke.

Einzelne Vokalbuchstaben trennt man nicht ab:

Ofen, nicht ~~O-fen~~; die Haie, nicht die ~~Hai-e~~.

2

1. *Markiere die falsch getrennten Wörter und schreibe sie richtig getrennt unten auf.*
Schreibe auch die Wörter auf, die man nicht trennen kann.

E-sel – Eu-le – Bä-ren – Hams-ter – A-ffen – Lö-wen – Ti-ger – U-hu – E-le-fant – En-te – Ha-se – Krö-te – Pan-ter – Zie-ge – A-mei-se – I-gel

....

....

....

Tipp
Wenn du dir nicht ganz sicher bist, wie du ein Wort trennen sollst, schlage im Wörterbuch nach.

2. *Wie werden die folgenden Wörter richtig getrennt? Schreibe in dein Heft.*

Silbe – Wörter – Vokal – Komma – Konsonant – Nomen – Adjektive – Verben – Rufzeichen – Fragezeichen – Punkte

3. *Wie werden die folgenden Wörter richtig getrennt? Schreibe in dein Heft.*

Lehrerin – Freundin – Kellnerin – Trainerin – Fahrerin – Prüfung – Entzündung – Endung – Bindung – Währung

Tipp
Beachte die Trennung bei Wörtern mit Endungen wie **-in** oder **-ung**:

Wan-de-rin nicht ~~Wan-der-in~~,
Woh-nung nicht ~~Wohn-ung~~.

Test

3

Wie werden die folgenden Wörter richtig getrennt? Achtung: Nicht alle Wörter lassen sich trennen.

Richterin	schwimmen ....
Adler	Affe ....
Kleckse	Fenster ....
Füchse	Glocke ....
Opa	Leitung ....
Kanne	Flasche ....
Haie	Mappe ....

1

Das Komma bei Aufzählungen (1)

Kommas erleichtern das Lesen. Sie unterbrechen für einen Augenblick den Lesefluss. Zwischen Wörtern und Wortgruppen, mit denen wir etwas aufzählen, werden Kommas gesetzt.

> Du arbeitest gerade in einem spannenden, dicken, lehrreichen Rechtschreibtrainer.

Die Wörter **und** und **oder** ersetzen in der Aufzählung das Komma.

> Verben werden auch Tätigkeitswörter, Tuwörter **oder** Tunwörter genannt.
> Du kennst viele Nomen, noch mehr Verben, zahlreiche Adjektive **und** einige Pronomen.

2

1. *In der folgenden Geschichte findest du einige Aufzählungen. Ergänze die fehlenden Kommas.*

Sabine packt ihre Schultasche

Zuerst packt sie die rote die gelbe die blaue und die grüne Mappe ein.

Dann steckt sie das Mathematikbuch das Lesebuch das Sprachbuch und das Wörterbuch in die Tasche.

Den neuen Spitzer das lange Lineal die spitze Schere und das neue Etui darf sie auf keinen Fall vergessen.

Tipp
Vor den Wörtern **und** und **oder** steht in der Aufzählung kein Komma.

2. *Trage die fehlenden Kommas ein.*

Einkaufszettel der Familie Dick

Oma Dick Opa Dick Mama Dick Papa Dick und die Kinder der Familie können den ganzen Tag essen. Das steht auf dem Einkaufszettel der Familie Dick: drei Tüten Chips vier Flaschen Cola zwei Tüten Gummibärchen und eine große Packung Vanilleeis oder eine Packung Schokoladeneis.

Diktat

3

Lass dir diesen Text ohne Kommas diktieren. Auch im Audio-Diktat werden die Kommas nicht mitdiktiert.

Einkaufszettel der Familie Gesund

Familie Gesund will heute eine gesunde Kartoffelsuppe oder eine leckere Gemüsesuppe kochen. Das steht auf dem Einkaufszettel:
ein Kopf Salat, ein Bund Möhren, eine Stange Lauch, ein Kilogramm festkochende, große Kartoffeln und ein Bund Suppengrün. Außerdem ein Bund glatte oder krause Petersilie.
Lars Gesund schreibt noch etwas auf den Einkaufszettel:
Ich hätte gerne saftige, süße, kleine Äpfel oder Birnen und kernlose Trauben.
(Wortanzahl: 66)

1

Das Komma bei Aufzählungen (2)

Zwischen Wörtern und Wortgruppen, mit denen wir etwas aufzählen, werden Kommas gesetzt.
Vor **und** und **oder** steht in der Aufzählung kein Komma.

Ich hätte gerne saftige, süße, kleine Äpfel **oder** Birnen **und** kernlose Trauben.

Heute gehe ich zu Anna, morgen besuche ich Marc, am Samstag fahre ich zu Oma **und** am Sonntag bleibe ich daheim.

2

1. *In diesem Vers fehlen zwischen Aufzählungen von Wortgruppen zwei Kommas. Setze sie.*

Zehn Finger habe ich an jeder Hand sind es fünf.

Zwanzig Zehen und Finger habe ich zusammen.

Zehn Zehen habe ich an jedem Fuß sind es fünf.

Zwanzig Finger und Zehen habe ich zusammen.

2. *Um diesen Text besser lesen zu können, musst du zwischen Wörtern und Wortgruppen, mit denen etwas aufgezählt wird, Kommas setzen.*

Meine Lieblingstiere

Zwei niedliche kleine Katzen habe ich.

In einem Glas habe ich zehn Fische in einem Käfig sitzt mein Hamster auf einem Baum vor dem Haus singen die Vögel und das Kaninchen sitzt in seinem Stall.

Mein Pudel bellt die Schildkröte krabbelt in ihrem Karton der riesengroße dicke Löwenmann sieht mich aus meinem Bilderbuch an.

Test

3

Setze in dieser Geschichte die fehlenden Kommas ein.

In unserem Garten standen früher viele Obstbäume: Kirschbäume Apfelbäume Birnbäume ein Pfirsichbaum und ein Pflaumenbaum.

Wenn im Herbst die Früchte reif waren, fielen viele Früchte herunter. Vom Apfelbaum fielen die Äpfel vom Pfirsichbaum fielen die Pfirsiche und vom Pflaumenbaum die Pflaumen. Manche Früchte waren frisch und knackig manche aber waren auch faul.

Wenn man unter den Bäumen stand, konnte man schon einen Apfel eine Birne einen Pfirsich oder eine Pflaume auf den Kopf kriegen. Besonders wenn es sehr windig war.

An solch einem windigen stürmischen regnerischen Tag musste ich das Fallobst aufsammeln. In meinem Korb lagen fünf faule Pflaumen vier Pfirsiche und viele wurmstichige Äpfel.

1

Das Komma in Sätzen mit Bindewörtern

Das Komma zeigt dem Leser Anfang und Ende eines Teilsatzes an. Das Komma zeigt dem Leser, dass er eine kleine Pause machen muss, weil ein neuer Gedanke oder eine Erklärung folgt.
Das Herzstück von jedem Teilsatz ist das Verb. Teilsätze werden werden duch ein Komma voneinander getrennt, wenn im zweiten Teilsatz auch ein Verb steht.
Oft werden Teilsätze mit Bindewörtern wie **als**, **dass**, **denn**, **ob**, **obwohl**, **oder**, **weil** oder **wenn** verbunden.

> Ich **mag** Deutsch, weil ich gerne Geschichten **schreibe**.
> Ich **weiß** noch nicht genau, ob ich heute mit dir **spielen kann**.
> **Fahren** wir heute zum Einkaufen, oder **verschieben** wir das Einkaufen auf morgen?

2

1. *Setze in den folgenden Sätzen die fehlenden Kommas. Kennzeiche zuerst die Verben und die Bindewörter.*

Ich wachte auf weil es an der Tür klingelte. Ich erschrak etwas denn ich erwartete keinen Besuch. Mir war ganz mulmig zumute als ich zur Tür ging. Ich öffnete die Tür aber niemand war da. Ich schaute mich überall um doch ich konnte niemanden entdecken. Wie konnte das sein? Ich hoffte sehr dass es kein Geist war!

Test

3

Setze die fehlenden Kommas.

Der Satzzeichenkongress

In Satzhausen findet der diesjährige Satzzeichen-kongress statt weil Satzhausen den Satzzeichen-wettbewerb gewonnen hat. Zu dem Kongress sind natürlich alle Wortarten, alle Satzschlusszeichen, die Anführungszeichen und der Doppelpunkt ein-geladen. Das Komma hätte den Termin allerdings fast vergessen weil es so schusselig ist. Es ist ziemlich außer Atem als es endlich in Satzhausen eintrifft.

Bei dem Kongress werden viele Vorträge gehalten obwohl alle Teilnehmer nach der langen Reise nach Satzhausen müde sind.

Die Adjektive schlagen vor dass alle Wörter in Zukunft kleingeschrieben werden sollen. Die Nomen und die Satzanfänge schimpfen über diesen Vor-schlag denn sie wollen weiterhin großgeschrieben werden.

Was sagt du dazu? Fändest du es gut wenn es keine Großbuchstaben mehr geben würde?

6. Besondere Wörter und Merkwörter

1

Wörter mit den Doppelvokalen aa, ee und oo

Es gibt nur wenige Wörter, in denen der lange Vokal mit den Doppelvokalen **aa**, **ee** oder **oo** geschrieben wird, zum Beispiel:

der Saal, das Haar, der Teer, die Beere, das Boot, das Moor.

Achtung: Manchmal verwandelt sich in Wörtern mit Doppelvokalen **a** in **ä** oder **o** in **ö**. Dann schreibt man nur **ä** anstatt **ää** oder **ö** anstatt **öö**:

das **Paar – das Pärchen, das Haar – das Härchen.**

Tipp

Fremdwörter mit **ee** und **oo** sind zum Beispiel: das Gel**ee**, der Kaff**ee**, die Id**ee**, der T**ee**, das Pür**ee**, der Porr**ee** (Lauch), das Portmon**ee**, der P**oo**l, das Shamp**oo** oder der Sk**oo**ter.

2

1. *Markiere in allen Wörtern die Doppelvokale.*

das Haar – der Saal – das Moor – das Beet – der Aal – das Paar – der Klee – die Waage – das Meer – der Staat – die Saat – die Fee – das Boot – das Moos – die Seele – der Zoo – die Beere – der See – der Schnee

2. *Sortiere die Nomen aus Aufgabe 1. Lege in deinem Heft eine Tabelle wie im Beispiel an.*

Nomen mit *aa*	Nomen mit *ee*	Nomen mit *oo*
das Haar		

3. *Welche Nomen passen zusammen? Verbinde.*

Erde	Fee
Blumen	Meer
Geschenk	Boot
Märchen	Beere
Ehe	Gelee
Auto	Paar
Mittel	Idee
Segel	Püree
Frucht	Skooter
Kartoffel	Beet

Test

3

Schreibe die zusammengesetzten Nomen aus Aufgabe 3 aus dem Gedächtnis auf. Denke an den passenden Begleiter.

das Erdbeergelee, ...

....

....

....

....

....

Besondere Wörter und Merkwörter

1

Merkwörter und Ausnahmewörter mit langem i

Die meisten Wörter mit **langem i** werden mit **ie** geschrieben. Folgende einsilbige Wörter mit **ie** gehören zu den Merkwörtern, weil du sie ganz oft schreiben musst:
die, hier, nie, wie, viel, sie.

In manchen Wörtern hörst du zwar ein **langes i**, trotzdem werden sie nicht mit **ie** geschrieben:
Igel, Tiger, Fibel, Bibel.

Auch Fremdwörter wie
Gardine, Margarine, Apfelsine, Vitamine, Lawine, Maschine oder **Rosine**
werden nur mit **i** geschrieben, auch wenn du ein **langes i** hörst. Diese Wörter musst du dir ebenfalls gut merken.

2

1. *Hier haben sich sieben einsilbige Wörter mit **ie** versteckt. Kreise sie ein und schreibe sie auf.*

diemrthieroghwiejztdaniepoügrvierlgadsierbgsvtviel

....

....

2. *Ordne die Wörter aus Aufgabe 1 nach dem Alphabet.*

....

....

3. *Präge dir folgende Wörter gut ein.*

Margarine Maschine Gardine Vitamine
Rosine Apfelsine Lawine

4. *Löse das Rätsel. Verwende die Wörter aus Aufgabe 3.*

Brotaufstrich							i		
Automat, Roboter						i			
getrocknete Weintrauben				i					
lebenswichtige Stoffe						i			
eine bekannte Südfrucht							i		
Vorhang					i				
wandernde Schneemassen				i					

5. *Ordne die Wörter aus Aufgabe 4 nach dem Alphabet.*

....

....

....

Diktat

3

Merkwörter und Ausnahmewörter mit langem i
Ich mag Mandarinen, Apfelsinen und Klementinen.
Diese Früchte haben viele Vitamine.
Rosinen essen wir nie. Manchmal nasche ich auch eine Praline. Auf mein Brot schmiere ich viel Margarine.

Die Waschmaschine schleudert die Gardine.
Die sieht dabei aus wie eine Lawine.

Biber, Igel und Delfine mag ich gerne. Kaninchen finde ich auch süß. Krokodile und Tiger gefallen mir nicht.
(Wortanzahl: 58)

1

Gleich und ähnlich klingende Wörter unterscheiden (1)

Das oder dass?

Das Wort **das** ist ein Artikel, der ein Nomen begleitet:

Ich lese im Moment ein Buch. **Das** Buch ist langweilig.

In Nebensätzen steht das Wort **das** für ein Nomen. Es ersetzt das Nomen. Wenn das Wort **das** einen Nebensatz einleitet, steht immer ein Komma davor.

Ich lese im Moment ein Buch, **das** langweilig ist.

Das Wort **das** kann außerdem ein Hinweiswort sein. Dann kannst du es durch die Worte **dieses**, **jenes** oder **welches** ersetzen.

Ich mag **das** Buch. Ich mag **dieses** Buch.

Das Wörtchen **dass** verbindet zwei Sätze. Man nennt es deshalb auch **Bindewort**. Vor dem Bindewort **dass** steht immer ein Komma.

Anna freut sich, **dass** sie eine gute Note hat.

Leo weiß, **dass** er noch mehr üben muss.

Das Bindewort **dass** steht meistens nach Verben wie sich ärgern, sich freuen, denken, finden, glauben, meinen, sagen, sehen, überzeugt sein, vermuten, wissen, wollen usw.

2

1. *Bilde Sätze wie im Beispiel. Verwende das Hinweiswort **das** und stelle das Verb an das Ende des Satzes.*

Ich habe ein neues Fahrrad. ~~Das Fahrrad~~ haben meine Eltern mir zum Geburtstag geschenkt.

Ich habe ein neues Fahrrad, das meine Eltern mir zum Geburtstag geschenkt haben.

Ich genieße das leckere Frühstück. ~~Mein Vater~~ hat es zubereitet.

....

....

Ich freue mich auf mein Zeugnis. ~~Mein Zeugnis~~ wird bestimmt super.

....

....

Ich mag das Fernsehprogramm für Kinder. Es wird im ZDF ausgestrahlt.

....

....

Du hast Brot gekauft. Das Brot wird bestimmt lecker schmecken.

....

....

Georg entdeckt ein Meerschweinchen. Er möchte es unbedingt haben.

....

....

Gestern habe ich mir ein Buch ausgeliehen. Das Buch ist sehr spannend.

....

....

Besondere Wörter und Merkwörter

2. *Verbinde die unten stehenden Satzteile mit dem Bindewort **dass**. Schau dir dazu das Beispiel genau an. Denke an das Komma.*

Anna findet – Kinder haben zu viele Hausaufgaben

Anna findet, dass Kinder zu viele Hausaufgaben haben.

Frau Schwarz meint – Kinder haben zu viele Ferien

....

....

Herr Gelb ist überzeugt – diese Übung ist einfach zu schwer

....

....

Herr Lila hat Verständnis dafür – Kinder können mal ihre Hausaufgaben vergessen

....

....

Frau Grün ist wirklich der Meinung – Noten sollten abgeschafft werden

....

....

Es ärgert Olivia – sie muss so viele Tests schreiben

....

....

Tipp
Denke daran: Wenn du das Wort **das** durch die Worte **dieses**, **jenes** oder **welches** ersetzen kannst, wird es immer mit **s** geschrieben. Wenn nicht, musst du **dass** schreiben.

3. *Das oder **dass**? Streiche das falsche Wort durch.*

Das / Dass war letzte Woche ein toller Geburtstag. **Das / Dass** Fahrrad, **das / dass** Oma und Opa mir geschenkt haben, ist toll. **Das / Dass** Video, **das / dass** meine Schwester mir ausgesucht hat, finde ich lustig. Ich fand es toll, **das / dass** so viele Gäste da waren. Am meisten hat mich gefreut, **das / dass** meine Uroma extra gekommen ist.

Test

3

*Setze **das** oder **dass** ein.*

Freust du dich, ... du den Unterschied zwischen **das** und **dass** verstanden hast?

.... du dabei ab und zu noch Fehler machst, ist nicht schlimm. Probiere immer, ob du .... durch **dieses**, **jenes** oder **welches** ersetzen kannst.

.... nächste Mal bist du schon viel sicherer.

Ich hoffe, ... du jetzt stolz auf dich bist.

Jetzt kannst du endlich .... Buch lesen, ... du so spannend findest!

Es ist klar, ... du dir nach dieser Übung eine Pause verdienst hast.

1

Gleich und ähnlich klingende Wörter unterscheiden (2)

Es gibt einige Wörter und Wortbausteine, die gleich oder ähnlich klingen, aber eine ganz andere Bedeutung haben. Um diese beim Lesen unterscheiden zu können, werden sie auf verschiedene Weise geschrieben:

den = Artikel (Herr Fröhlich macht mit **den Kindern** einen Ausflug.), **denn** = **Bindewort** (Ich fahre heute mit dem Bus, **denn** es regnet.),
end-/ent-: Ende, endlich, beenden, endlos (Wortstamm), aber: **ent**decken, **ent**fernen, **ent**lang (Wortbaustein),
fast = beinahe, **du fasst** kommt von anfassen,
hast kommt von haben, **du hasst** von hassen,
im und **in** = **Präpositionen** oder Lagewörter (**im** Bett, **in** der Schule), **ihm** und **ihn** = **Pronomen** oder Fürwörter (Das Haus gehört Paul. Das Haus gehört **ihm.**/Ich mag Paul. Ich mag **ihn**),
es ist = Personalform von sein, **er isst** kommt von essen,
leer – lehren: die leere Flasche, aber: der Lehrer,
Meer = Ozean, **mehr** = Mengenangabe,
ein Paar = zwei Menschen oder Dinge, die zuammengehören (ein Paar Socken), **ein paar** = mehrere Dinge (ein paar Blumen),
seid: ihr seid, aber **seit** einem halben Jahr (Zeitangabe),
viel = Mengenangabe, aber **fiel** kommt von fallen (ich falle hin, ich fiel),
war = Vergangenheitsform von sein (ich war, er war),
wahr bezieht sich auf die Wahrheit.

2

1. *Sortiere die Wörter aus dem Kasten.*

Wörter, die gleich klingen:

....

....

....

....

....

....

Wörter, die ähnlich klingen:

....

....

....

....

....

....

2. *Bearbeite den Lückentext. Entscheide dich für das passende Wort. Sieh im Kasten auf Seite 104 nach, wenn du nicht sicher bist, welches Wort passt.*

Meer/mehr | Stadt/anstatt | hast/hasst | Paar/paar

Sonne, Strand und .... So wünscht sich Nico seinen nächsten Urlaub. Rico will nicht .... an die See. Er .... Quallen. Er bleibt lieber an seinem Wohnort in der .... Entenhausen, ... an die Küste zu fahren. In ein .... Tagen hat Rico Geburtstag. Er wünscht sich genau ein .... Schuhe, genau ein .... Socken und genau ein .... Handschuhe.

3. *Setze die passenden Wörter ein.*

fast/fasst: Beinahe hätte ich es geschafft. .... wäre es mir gelungen, von Rico, dem Superstar, ein Autogramm zu bekommen.

Du .... hier nichts an," sagt der Maler, „es ist frisch gestrichen."

hast/hasst: Du .... viele Hobbys, aber du .... es, dein Zimmer aufzuräumen und früh zu schlafen zu gehen.

isst/ist: Es .... wirklich wahr, dass Herr Fett nur noch gesunde Speisen ....

war/wahr: Es ist wirklich ...., dass ich gestern im Zoo ....

seid/seit: .... ihr wisst, dass ihr auf das Gymnasium kommt, ... ihr ganz schön überheblich.

viel/fiel: Beim Wettlauf hatten wir .... Spaß, bis ich plötzlich stolperte und ....

Es .... unserem Lehrer auf, dass er uns zu .... Hausaufgaben aufgegeben hat.

den/denn: Ob wir .... Zug noch bekommen, ist fraglich, ... wir sind spät dran.

An .... Ausflug werde ich lange denken, ... er war besonders toll.

4. *Setze **in** oder **ihn**, **im** oder **ihm** ein.*

Jana und Hannes sind Zwillinge. Sie teilen sich einen Schrank. Der Schrank steht .... Kinderzimmer. Hannes sucht eine Hose. Er weiß aber nicht mehr, welche Hosen .... gehören. Er schaut .... sämtlichen Schubladen nach. Ob diese Hose .... noch passt? Als Jana .... sieht, lacht sie .... aus. „Du hast meine Hose an", sagt sie. Hannes wird rot. Das ist .... peinlich.

Test

3

Setze passende Wörter ein.

isst/ist: Er .... heute allein zuhause und .... vor Langeweile ein Brot nach dem anderen.

den/denn: .... Nachtisch mag ich nicht, ... er ist viel zu süß.

viel/fiel: Es .... ihm schwer, all die .... Wörter nach dem ABC zu ordnen.

seid/seit: .... Tagen regnet es und ihr .... ständig pudelnass.

paar/Paar: In meinem Kleiderschrank hängen ein .... Blusen, drei .... Hosen und ein .... Pullis. Die Socken muss ich erst ordnen. Ich weiß gar nicht mehr, wie viele .... Socken ich habe. Auf alle Fälle habe ich ein neues .... Turnschuhe.

Besondere Wörter und Merkwörter

1

Häufig vorkommende Miniwörter (1)

Miniwörter sind kleine Wörter, die in Texten oft vorkommen und die du zum Schreiben einfach brauchst. Du musst dir merken, wie diese Wörter geschrieben werden. Wichtige Miniwörter sind zum Beispiel:

der, die, das, ein, eine,
ich, du, er, sie, es,
an, aus, auf, in, im
nur, auch, und.

2

1. *Welche Miniwörter haben sich in den Wörtern versteckt? Kreise sie ein und schreibe sie auf.*

Bauch – auch	Bein – ....
Hals –	Land – ....
Lauf –	Laus – ....
Mist –	Mund – ....
Pferd –	Sand – ....
Schnur –	Wind – ....

2. *Wenn du die Miniwörter sicher schreiben kannst, kannst du auch andere Wörter richtig schreiben. Ergänze die Lückenwörter mithilfe der Miniwörter.*

Bauch, R.........., Str.........., L.........., Schl..........

Bein, St.........., W.........., L..........e

laufen, k..........en, t..........en, r..........en, H..........en

Laus, M.........., H.........., Schm.........., Appl..........,

Wind, K..........d, R..........d, W..........del, R..........de

3. *Ergänze die Lückenwörter mithilfe der Miniwörter.*

Licht, S............t, Ber............t, Ged............t, Ges............t

Mist, K............e, L............te, Geschw............ter

Mund, Pf............, St............e, R............de, W............er

Pferd, H..........d, H..........bst Sch..........be, V..........b

Sand, R........d, Str........d, L........d, Pf........d, W............d

4. *Schreibe die Miniwörter aus Aufgabe 2 und 3 hier auf dem Merkzettel noch einmal auf.*

Diktat

3

Miniwörter (1)
In Mund und Hund wohnt und.
In Licht und Wicht wohnt ich.
In List und Mist wohnt ist.
In Strauch und Bauch wohnt auch.
In Laus und Haus wohnt aus.
In Land und Hand wohnt an.
In Stein und Bein wohnt ein.
In Pferd und Herd wohnt er.
In der Schnur wohnt nur.
Und in dem Wort Hals wohnt als.
(Wortanzahl: 60)

Besondere Wörter und Merkwörter

1

Häufig vorkommende Miniwörter (2)

In diesem Kapitel lernst du weitere wichtige Miniwörter kennen. Auch bei diesen Wörtern musst du dir die Schreibweise merken:

bald, dann, jetzt, nie, wie,
mehr, ohne, sehr, aber, doch
wenn, wir, ganz, alle, her, hin.

2

1. *In diesem Buchstabengitter haben sich zwölf Merkwörter versteckt. Markiere sie und schreibe sie unten auf.*

o	d	e	r	b	c	n	f	g	d
e	o	h	m	p	i	k	s	u	a
b	t	a	e	d	r	w	e	n	n
a	b	k	w	z	h	s	h	l	n
l	f	p	i	j	a	c	r	g	a
d	l	v	r	b	o	w	i	p	o
h	n	i	g	v	l	z	m	v	h
g	a	n	z	u	n	i	e	f	n
e	b	g	p	c	f	t	h	g	e
j	e	t	z	t	r	a	r	s	j
b	r	z	i	k	d	m	e	h	c

....

....

....

2. *In der Wörterkette findest du zwölf Miniwörter. Ziehe Trennstriche, um sie zu markieren.*

aberhierfüreuchwiedochherjetztobenalleherhin

3. *Ordne die Wörter aus Aufgabe 2.*

Wörter mit drei Buchstaben: ....

....

Wörter mit vier Buchstaben: ....

....

Ein Wort hat mehr als vier Buchstaben: ....

4. *Finde Reimwörter. Verwende passende Miniwörter aus der Wörterkette aus Aufgabe 2.*

drin – ....

Falle – ....

loben – ....

Loch – ....

nie – ....

schwer – ....

Tür – ....

vier – ....

Schaber – ....

zuletzt – ....

Diktat

3

Miniwörter (2)
In der Falle findest du alle.
In der Bohne steckt ohne.
Die Zahl vier lebt im Bier.
Sehe ich mein Knie, denke ich an nie.
Mein Heft ist jetzt voll, das finde ich toll.
Im Wald steckt bald,
und doch im Loch.
Auf Schaber reimt sich aber,
auf mehr reimt sich sehr.
(Wortanzahl: 52)

Besondere Wörter und Merkwörter

1

Zahlwörter

Hier findest du die Wörter für die Zahlen von null bis zehn.
Diese Wörter musst du dir merken:

null, eins, zwei, drei, vier, fünf, sechs, sieben, acht, neun, zehn.

Mithilfe dieser Wörter kannst du auch einen großen Teil aller anderen Zahlwörter bilden.

2

1. *Ordne den Zahlen die passenden Zahlwörter zu.*

1 .... 2 ....

3 .... 4 ....

5 .... 6 ....

7 .... 8 ....

9 .... 10 ....

2. *Schreibe die Antwort mit einem Zahlwort.*

8 + 2 = zehn 10 – 5 = ...

4 + 4 = ... 1 + 2 = ...

6 – 6 = ... 9 – 3 = ...

2 + 5 = ... 7 – 5 = ...

3. *Jetzt geht es bis zwanzig! Ergänze die Zahlwörter.*

elf → zwölf → **drei**zehn → .... → .... → sechzehn → .... → .... → .... → zwanzig

4. *Jetzt zähle weiter und schreibe die Zahlwörter von 21 bis 29 auf.*

21 einundzwanzig ....

22 .... 26 ....

23 .... 27 ....

24 .... 28 ....

25 .... 29 ....

5. *Ergänze die fehlenden Zahlwörter.*

30 dreißig .... 70 ....

40 vierzig .... 80 ....

50 .... 90 ....

60 sechzig .... 100 einhundert ....

6. *Schreibe zu folgenden Zahlen die passenden Zahlwörter auf.*

64 vierundsechzig .... 38 achtunddreißig ....

29 .... 56 ....

74 .... 85 ....

66 .... 29 ....

7. *Jetzt kannst du auch die Zahlwörter für größere Zahlen richtig schreiben.*

358 dreihundertfünfundachtzig

506 ....

999 ....

Besondere Wörter und Merkwörter

Tipp

Zahlen, hinter denen ein Punkt steht, nennt man **Ordnungszahlen**.

Du findest sie auf jeder Seite dieses Buches. Sie sagen dir, wie viele Aufgaben du schon bearbeitet hast. Sie zeigen also, an welcher Stelle in einer Reihe sich Aufgaben (Tiere, Menschen, Tage, Monate ...) befinden.

1. erstens	6. sechstens
2. zweitens	7. siebtens
3. drittens	8. achtens
4. viertens	9. neuntens
5. fünftens	10. zehntens

8. *Trage die Wörter für die Ordnungszahlen ein.*

1.	6. ....
2.	7. ....
3.	8. ....
4.	9. ....
5.	10. ....

9. *An welcher Stelle in der Reihe stehen die folgenden Tiere?*

Die Giraffe steht an erster Stelle.

....

....

....

....

....

....

....

....

....

Test

3

Schreibe die Zahlwörter auf.

30 ....

38 ....

53 ....

60 ....

100 ....

666 ....

743 ....

749 ....

891 ....

Besondere Wörter und Merkwörter

1

Wichtige Wörter aus dem Schulalltag

In der Schule musst du viel schreiben. Du musst Stundenpläne und Hausaufgaben notieren, Hefte und Mappen beschriften und noch vieles, vieles mehr.
Wichtige Wörter und Begriffe, die du in der Schule oft brauchst, kannst du in diesem Kapitel üben, bis du nicht mehr über die Schreibweise nachdenken musst. So kannst du dich stattdessen auf ein ordentliches Schriftbild konzentrieren.

Hier findest du Wörter, die du im Schulalltag brauchst:

April	Januar	Radiergummi
Arbeitsheft	Juli	Religion
Aufgaben	Juni	Sachunterricht
Aufsatz	Kleber	Samstag
August	Kunst	Schere
Berichtigung	Lesebuch	Schreibheft
Bleistift	Lineal	Seite
Buch	Mai	September
Deutsch	März	Sonntag
Dezember	Mathematik	Sport
Dienstag	Mittwoch	Sprachbuch
Diktat	Montag	Textiles Gestalten
Donnerstag	November	Tuschkasten
Februar	Nummer	Werken
Freitag	Oktober	Zeichenblock
Hausaufgaben		

2

1. *Kreise in der Wörterliste alle Wörter für Schulfächer ein und schreibe sie auf. Fange mit deinem Lieblingsfach an.*

....

....

....

....

2. *Kreise in der Wörterliste alle Wörter für Wochentage ein und schreibe sie in der richtigen Reihenfolge auf. Beginne mit Sonntag.*

....

....

....

....

3. *Markiere alle Wörter für Monatsnamen orange und schreibe sie auf. Beginne mit dem Monat, in dem du geboren bist.*

....

....

....

....

4. *Markiere alle Wörter für Gegenstände aus dem Federtäschchen blau und schreibe sie auf.*

....

....

....

....

5. *Schreibe die restlichen Wörter heraus.*

....

....

....

6. *Bilde aus diesen Silben Wörter aus dem Schulalltag. Wenn du dir wegen der Schreibweise nicht sicher bist, schau in der Liste auf Seite 116 nach.*

Be-	-rich-		
Blei-	-stift		
Deutsch-	-heft		
Dik-	-tat		
Feh-	-ler		
Haus-	-auf	-ti-	
Kle-	-ber	-ga-	-gung
Li-	-ne-	-al	-ben
Ma-	-the-	-buch	-mi
Num-	-mer	-gum-	
Ra-	-dier-	-sche	
Sche-	-re	-ten	
Schreib-	-heft		
Sport-	-ta-		
Sprach-	-buch		
Tusch-	-kas-		

....

....

....

....

....

....

....

....

....

7. *Trage die fehlenden Wochentage ein.*

....	....	Montag	....
Mittwoch	....	....	....
....	....	....	Donnerstag
Freitag	....	....	....

9. *Trage die fehlenden Monatsnamen ein.*

....	....	Januar	....
Juli	....	....	....
....	....	....	April
April	....	....	....

Diktat

3

Schule

Ich gehe in die dritte Klasse. Ich muss jede Woche am Montag, Dienstag, Mittwoch, Donnerstag und am Freitag in die Schule gehen. Am Samstag und am Sonntag habe ich schulfrei. Ich mag die Schule. Aber am liebsten mag ich die Pausen. Meine Lieblingsfächer sind Kunst, Sport, Sachunterricht und Mathematik. Deutsch finde ich auch gut. Ich lese und schreibe gerne, aber Diktate finde ich langweilig. Damit andere meine Geschichten gerne lesen, will ich aber alle Wörter richtig schreiben können.

(Wortanzahl: 79)

Besondere Wörter und Merkwörter

1

Fremdwörter

Täglich hörst und nutzt du in der Schule und im Alltag Wörter, die aus anderen Sprachen stammen. Diese Wörter nennt man **Fremdwörter**. Viele dieser Fremdwörter gehören wie selbstverständlich zu deinem Wortschatz. Ihre Fremdheit erkennt man nur noch an ihrer Schreibweise.

2

1. *Unterstreiche alle Wörter, deren Bedeutung du erklären kannst.*

das Quadrat – die Strophe – der Artikel – der Autor – die Bibliothek – das Lexikon – die Chemie – das Training – das Adjektiv – die Idee – der Vers – der Liter – die Physik – der Vokal – das Alphabet – die Konsonanten – die Mathematik – die Multiplikation – das Substantiv – das Experiment – die Subtraktion – die Division – das Thema – die Geometrie – die Addition – das Symbol – die Information

2. *Lass dir die Bedeutung der übrigen Wörter erklären oder schau in einem Lexikon oder im Internet nach.*

3. *Ordne die Wörter aus Aufgabe 1 nach dem Alphabet.*

....

....

....

....

....

....

....

4. *Ordne den Angaben die passenden Begriffe aus Aufgabe 1 zu.*

Abschnitt eines Gedichtes: ....

Büchersaal: ....

der, die, das: ....

ein Einfall: ....

ein Versuch: ....

Tunwort: ....

Wiewort: ....

Nachschlagewerk: ....

Nomen: ....

Schriftsteller: ....

Selbstlaut: ....

Diktat

3

Fremdwörter

Im Mathematikunterricht benutzen wir die Begriffe Addition, Subtraktion, Division und Multiplikation. Beim Thema Geometrie fällt manchmal der Begriff Quadrat. Im Deutschunterricht habe ich gelernt, was Nomen, Verben, Adjektive und Artikel sind. Der Unterschied zwischen einem Vers einer Strophe ist mir jetzt auch klar. Vokale und Konsonanten kenne ich auch.
Bald bin ich ein lebendiges Lexikon. Vielleicht werde ich ja Autor? Dann findet ihr mein Buch in einer Bibliothek.
(Wortanzahl: 68)

Besondere Wörter und Merkwörter

1

Schwierige Wörter und Fremdwörter

Die folgenden Wörter stammen fast alle aus anderen Sprachen und sind daher **Fremdwörter**. Du kannst sie dir auf Grund ihrer merkwürdigen Schreibweise bestimmt besonders gut merken, wenn du sie dir bewusst anschaust und übst.

Wörter mit **C / Ch**:

Cent, **C**lown, **C**omputer, **Ch**ina, **Ch**or, **C**ity, **Ch**ance, **c**ool, **C**roissant, **C**owboy, **C**urry, **C**ouch, **C**omic, **Ch**ips, **Ch**ef, **Ch**arts, **Ch**arakter, **Ch**aos, **Ch**emie

Wörter mit **Ph / Th**:

Physik, **Ph**ilosophie, **Th**ema, **Th**ron, **Th**eater

Wörter mit **V / v**:

Ventil, **V**ase, **V**ogel, **V**erb, **V**ideo, **V**itamine, **V**okabel, **V**ulkan, Adjekti**v**, Detekti**v**, negati**v**, positi**v**, akti**v**, passi**v**

Wörter mit **Qu / qu**:

Quiz, **Qu**elle, **Qu**ark, **Qu**ittung, **qu**er, **Qu**adrat

Wörter mit **y**:

Cit**y**, Curr**y**, Hand**y**, Hobb**y**, Intercit**y**, Pon**y**, Stor**y**, Tedd**y**, T**y**p, Hocke**y**, Cowbo**y**, G**y**mnasium, Ph**y**sik, Rh**y**thmus, Rec**y**cling

2

1. *Präge dir die Wörter mit **Ph** und **Th** aus dem Kasten oben ein. Schreibe sie aus dem Gedächtnis auf.*

....

....

....

....

....

....

2. *Ein Wort gehört nicht in die Reihe. Sprich die Wörter laut aus, um herauszufinden, um welches Wort es sich handelt. Markiere das Wort und schreibe es auf.*

Clown, Computer, City, Curry, Comic ....

Chance, Chips, Chef, Cent ....

cool, Computer, Cowboy, Chemie, Clown ....

3. *Im Kasten auf Seite 122 findest du verschiedene Wörter mit **C** und **Ch** am Wortanfang.*
Sortiere diese Wörter nach ihrem Anfangslaut.

Cent, ...

Clown, ...

....

....

Chance, ...

....

....

4. *Im Kasten auf Seite 122 findest du verschiedene Wörter mit **V/v**. Lies sie aufmerksam durch und ordne sie.*

Nomen, die mit **V** beginnen: ....

....

Nomen, die auf **iv** enden: ....

....

Adjektive, die auf **iv** enden: ....

....

Besondere Wörter und Merkwörter

5. *Im Kasten auf Seite 122 findest du verschiedene Wörter mit **Qu/qu**. Ordne sie nach dem Alphabet. Achte dabei auch auf den dritten und vierten Buchstaben.*

....

....

....

6. *Im Kasten auf Seite 122 findest du verschiedene Wörter mit **y**. Ordne sie.*

Das **y** steht am Wortende: ....

....

....

Das **y** steht innerhalb des Wortes: ....

....

Das **y** klingt ähnlich wie ein ü-Laut: ....

....

Das **y** klingt ähnlich wie ein i-Laut: ....

....

Das Wort hat eine Silbe: ....

....

....

Das Wort hat zwei Silben: ....

....

Das Wort hat drei Silben: ....

....

Test

3

Suche das passende Wort und trage es auf den gestrichelten Linien ein.
Wenn du bei einem Wort nicht weiter weißt, helfen dir die Wörtersammlungen im Kasten auf Seite 122.

asiatisches Gewürz: ....

Blätterteighörnchen: ....

Sitz eines Königs: ....

Gegenteil von negativ: ....

anderes Wort für Sofa: ....

gleichmäßige Bewegung in der Musik: ....

Fachausdruck für Wiewörter: ....

eine Schulform nach der Grundschule: ....

Lieblingsbeschäftigung: ....

Durcheinander: ....

eine Geschichte in Bildern: ....

ein Spiel mit Schläger und Puk: ....

kein Dreieck, kein Kreis, sondern ein: ....

das Gegenteil von aktiv ist: ....

dünne gebackene Kartoffelscheiben: ....

Fachausdruck für Tunwörter: ....

moderne Rechenmaschine: ....

Schauspielhaus: ....

7. Trainingseinheiten

1

Wörter mit langem und kurzem Vokal

Manchmal ist es gar nicht so leicht, herauszufinden, ob ein Vokal (Selbstlaut) oder Umlaut lang oder kurz ausgesprochen wird.

Wenn auf einen Vokal kein Konsonant (Mitlaut) folgt, ist die **Silbe offen**. Der **Vokal** wird **lang** und **gedehnt** ausgesprochen:

Schu-le, Bro-te, Ta-fel, Bü-cher.

Wenn die erste Silbe eines Wortes mit einem Konsonanten endet, ist die **Silbe geschlossen**. Der Vokal wird **kurz** ausgesprochen:

Kin-der, Hef-te, Ran-zen, Stif-te.

2

1. *Schreibe die Wörter in die passende Spalte.*
Gliedere die Wörter dazu in Silben.

Noten – Name – Wörter – Silben – Hefte – Tafel – Stunde – Bücher – Brote – Kleber – Pinsel – Ranzen

Langer Vokal	Kurzer Vokal
....	....
....	....
....	....
....	....
....	....
....	....

2. *Setze die Silben in der Tabelle zu Wörtern zusammen. Entscheide, ob der Vokal in der ersten Silbe lang (offene Silbe) oder kurz (geschlossene Silbe) ist.*

1. Silbe

Blu- En- Fens- Ha- Jun- ~~Sche-~~

2. Silbe

-ter -te -se -ge -me ~~-re~~

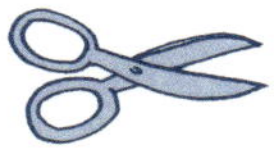	Sche – re	Langer Vokal

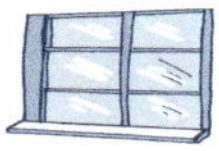		

Test

3

Markiere die Wörter mit langem Vokal und offener erster Silbe.

Vögel Blätter Zöpfe Hürde leben Hüte Hütte Früchte denken bringen schreiben toben freuen fangen

1

Wörter mit doppelten Konsonanten (1)

Wenn man bei einem Wort mit zwei Silben nach einem kurzen Vokal (Selbstlaut) in der ersten Silbe nur einen Konsonanten (Mitlaut) hört, so wird dieser Buchstabe verdoppelt. Der erste Konsonant schließt die erste Silbe und der zweite steht am Anfang der nächsten Silbe.

die Son-ne, die Pup-pe, der Löf-fel, ren-nen, fal-len

2

1. *Immer zwei Nomen reimen sich. Finde die Reimpaare und schreibe sie in Silben gegliedert auf. Markiere in der ersten Silbe den Vokal.*

~~die Bälle~~, die Gruppe, die Kanne, die Mappen, die Rolle, die Matte, die Kette, die Nüsse, der Rüssel, die Nummer, die Watte, die Wolle, der Kummer, die Tonne, die Lappen, die Wanne, die Puppe, die Wette, ~~die Fälle~~, der Kessel, die Sonne, der Müller, der Füller, der Sessel, die Schüssel, die Küsse

die Bäl – le – die Fäl – le, ...

....

....

....

....

....

2. *Immer zwei Verben reimen sich. Finde die Reimpaare und schreibe sie auf.*
Setze unter den kurzen Vokal in der ersten Silbe einen Punkt und markiere den doppelten Konsonanten.

kennen fressen ~~müssen~~ gewinnen schütteln murren rennen prellen lassen brennen wettern ~~küssen~~ spinnen nennen knurren können wollen rütteln klettern stellen passen sollen fallen gönnen knallen essen

müssen – küssen,

3. *Immer drei Verbformen gehören zusammen. Schreibe die passenden Formen wie im Beispiel zusammen auf.*

~~lassen~~ ~~gelassen~~ getroffen rennen isst gegessen können kann weiß gewusst rennt treffen trifft gekonnt ~~lässt~~ gerannt essen wissen

lassen – gelassen – lässt, ...

....

....

Schreibe die Dreiergruppe heraus, die aus der Reihe tanzt:

....

4. *Immer zwei Adjektive reimen sich. Finde die Reimpaare und schreibe sie auf. Setze unter den kurzen Vokal einen Punkt und markiere den doppelten Konsonatenbuchstaben.*

glatt dumm schnell satt toll hell dick dünn nett voll schick nass kaputt krumm fett

....

....

....

Achtung! Drei Adjektive bleiben übrig. Schreibe sie auf:

....

5. *Schreibe die passende Einzahlform mit Begleiter auf.*

die Bälle – ....

die Bretter – ....

die Männer – ....

die Nüsse – ....

die Schlösser – ....

die Schiffe – ....

Tipp

Wenn du dir bei einem einsilbigen Wort nicht sicher bist, ob der Konsonant verdoppelt werden muss, wende die Verlängerungsprobe an:

der Ball – die Bälle, toll – das tolle Spiel,
er rennt – rennen.

6. *Erinnere dich: Wie ist es richtig?*
Streiche die falschen Wörter im Text durch.

Bei allen Wörtern, die du gerade geschrieben hast, wird der Vokal in der betonten ersten Silbe **kurz/lang** gelesen. Die erste Silbe ist also **offen/geschlossen**. Darum wird der Konsonantenbuchstabe in der Wortmitte verdoppelt.

Diktat

3

Jan will nicht zur Schule

Jan geht in die erste Klasse.
Er soll rechnen, lesen und schreiben lernen.
Jan vergisst ständig etwas.
Dann nimmt er einfach die Sachen der anderen Kinder.
Natürlich bekommt er dann Ärger.
Das will er bestimmt nicht. Aber was will Jan dann?
Jan will am liebsten nur klettern,
schwimmen und rennen.
(Wortanzahl: 55)

1

Wörter mit doppelten Konsonanten (2)

Wenn man bei einem Wort mit zwei Silben nach einem kurzen Vokal (Selbstlaut) in der ersten Silbe nur einen Konsonanten (Mitlaut) hört, so wird dieser Buchstabe verdoppelt. Der erste Konsonant schließt die erste Silbe und der zweite steht am Anfang der nächsten Silbe:

die Wan-ne, die Pfan-ne, klem-men, bren-nen.

Wenn du dir bei einem einsilbigen Wort nicht sicher bist, ob der Konsonantenbuchstabe verdoppelt werden muss, hilft dir die Verlängerungsprobe:

es stimmt – stim-men, toll – das tol-le Buch.

2

1. *Wie werden die Wörter richtig geschrieben? Mache die Verlängerungsprobe und gliedere die Wörter in Silben. Markiere in offenen Silben den kurzen Vokal.*

	Probe:	**So ist es richtig:**
der Her/der Herr	die Her—ren	der Herr
der Bal/der Ball		
der Kus/der Kuss		
der Hut/der Hutt		

	Probe:	**So ist es richtig:**
er fält/er fällt	fal—len	
er sagt/er saggt		
sie kent/sie kennt		
sie brült/sie brüllt		

2. *Wie werden die Wörter richtig geschrieben? Mache die Verlängerungsprobe und gliedere die Wörter dazu in Silben. Markiere in offenen Silben den kurzen Vokal.*

	Probe:	**So ist es richtig:**
vol/voll	das vol – le Zimmer	
rot/rott	der .... Apfel	
stil/still	das .... Kind	
naß/nass	der .... Schwamm	
schmal/schmall	das .... Buch	
schnel/schnell	das .... Fohlen	

Test

3

Einfacher oder doppelter Konsonant?
Streiche die falsche Schreibweise durch!

sie rast/sie rasst

sie wipt/sie wippt

hel/hell

der Hase/der Hasse

er belt/er bellt

er grast/er grasst

die Wane/die Wanne

sie sumt/sie summt

die Mite/die Mitte

er spart/er sparrt

1

Wörter mit s

Der Buchstabe **S/s** sieht in den folgenden Wörtern gleich aus:

Sonne, Glä**s**er, le**s**en, Hau**s**, Gla**s**, er lie**s**t.

Wenn du die Wörter laut liest, merkst du aber, dass sich die Aussprache unterscheidet.

In den Wörtern **Sonne**, **Gläser** und **lesen** wird das **s** gesummt. Man sagt auch **stimmhaftes s**.

In den Wörtern **Haus**, **Glas** und **er liest** wird das **s** gezischt. Man sagt auch **stimmloses s**.

2

1. *Ordne die Wörter richtig zu.*

Hals – Fels – Gans – Haus – Sonne – Maus – Riese – Saft – Sommer – Hose

stimmhaftes s	stimmloses s

Tipp

Wenn du Schwierigkeiten hast, das **stimmhafte** und das **stimmlose s** zu unterscheiden, dann sprich die Wörter bei zugehaltenen Ohren deutlich aus. Beim **stimmhaften s** gibt es ein **summendes Geräusch**. Beim **stimmlosen s** hörst du in der Regel nur ein **Zischen**, wenn du es aussprichst. Mit zugehaltenen Ohren hörst du es gar nicht.

2. *In dieser Wörterschlange sind kleine Wörter mit stimmlosem s versteckt. Schreibe sie heraus.*

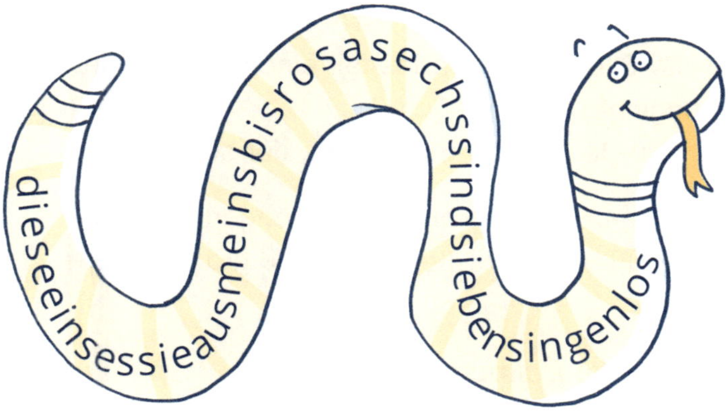

....

....

....

....

....

Test

3

Kreise alle Wörter mit stimmhaftem s-Laut ein.

etwas · leise · er liest · er reist · die Gänse · sausen · die Gräser · der Felsen · das Gras · suchen · das Eis · die Gans · die Vase · das Näschen · das Eisen · los

1

Wörter mit ß

Ein **ß** steht immer dann, wenn die erste Silbe eines Wortes offen ist, also wenn sie mit einem langen Vokal endet, und die zweite Silbe eines Wortes mit einem stimmlosen, zischenden **s** beginnt.

die Grü-ße, die gro-ßen Fü-ße, der sü-ße Brei

Bei einsilbigen Wörtern hilft die Verlängerungsprobe.

der Gruß – die Grü-ße, groß – die gro-ßen Füße

2

1. *Schreibe die Reimpaare auf.*

außen, beißen, draußen, Grüße, gießen, süß, heiß, groß, Gruß, fließen, weiß, fraßen, Fuß, Straßen, ~~fraß~~, heißt, reißen, Schoß, ~~saß~~, Füße, schmeißt

saß – fraß, ...

....

....

....

....

Achtung! Ein Wort bleibt übrig: ....

2. *Bilde die Mehrzahl.*

der Spaß – die Späße .... der Fuß – ....

der Gruß – .... der Kloß – ....

das Floß – .... der Schoß – ....

3. *Vervollständige die Tabelle.*

Grundform	Ich-Form	Er-, Sie-, Es-Form
heißen	ich heiße	er heißt
beißen		
schießen		
grüßen		
stoßen		

4. *Schreibe die folgenden Schlagzeilen richtig auf.*

GROSSES FEST AUF DEM FUSSBALLPLATZ!

....

VIEL SPASS BEIM SCHULFEST!

....

Diktat

3

Flocki und Familie Strauß

In der Spaßmacherstraße wohnt Familie Strauß. Familie Strauß hat einen weißen Hund. Er heißt Flocki. Flocki isst gerne Klöße. Manchmal beißt er seine Leine durch und reißt aus. Wenn er seinen Willen nicht bekommt, schmeißt er sich auf die Straße.

Frau Strauß gibt ihm dann einen Stoß und zerrt ihn wieder auf seine Füße. Aber dann nimmt sie Flocki auf ihren Schoß und meint: „Du bist doch süß."

(Wortanzahl: 72)

1

Wörter mit ss und mit ß

Für Wörter mit **ss** und **ß** gilt: Wird der Vokal in der betonten ersten Silbe eines Wortes **kurz gesprochen**, ist die Silbe geschlossen. Es folgt **ss**:

die Flü**s**-**se**, die Ga**s**-**sen**.

Wird der Vokal in der betonten ersten Silbe eines Wortes **lang gesprochen**, ist die Silbe offen. Es folgt **ß**. Das **ß** klingt scharf und zischend:

die Stra-**ß**en, die Fü-**ß**e.

2

1. *Trage die Wörter* ***Späße***, ***Tasse***, ***Flosse*** *und* ***Sträuße*** *mit Artikel in die richtige Spalte ein. Denke an den Silbenstrich.*

Kurzer Vokal/ Geschlossene Silbe (ss)	**Langer Vokal/ Offene Silbe (ß)**

2. *Trage die Wörter richtig geschrieben in die passende Spalte ein. Denke an den Silbenstrich.*

die Schlösser/die Schlößer
die Klasse/die Klaße
die Grüße/die Grüsse
die Spässe/die Späße
die Gefäße/die Gefässe
die Küsse/die Küße

Kurzer Vokal/ Geschlossene Silbe (ss)	**Langer Vokal/ Offene Silbe (ß)**

3. *Immer zwei dieser Wörter bilden ein Paar.*
Schreibe die Paare wie im Beispiel in die Tabelle.

~~sie gossen~~ – essen – sie vergaß – es flossen – sie aßen – sie fraßen – ~~gießen~~ – fließen – sie fressen – vergessen

Kurzer Vokal/ Geschlossene Silbe (ss)	Langer Vokal/ Offene Silbe (ß)
sie gossen	sie gießen

Diktat

3

Partnerdiktat
In der Schule wird ein Partnerdiktat geschrieben.
Jan diktiert Nina Wörter aus der Wortfamilie essen: sie isst, wir aßen, das Essen, der Esstisch.
Nina diktiert Jan Wörter aus der Wortfamilie beißen: das Gebiss, ein bisschen, gegessen, er beißt.
Nun ist Jan wieder an der Reihe. Er sucht sich das Wort schließen aus. Nina schreibt: zuschließen, das Schloss, verschlossen.
Zum Schluss schreibt Jan ganz ohne Fehler die Wörter der Fluss, er fließt, flüssig, zerflossen.
(Wortanzahl: 74)

1

Wörter mit s, ss und ß

Immer, wenn du dir nicht sicher bist, ob du **s**, **ss** oder **ß** schreiben musst, denke an folgende Regeln:
Hörst du ein stimmhaftes **s**, schreibst du **s**:
der Fel**s**en.
Am Ende eines Wortes klingt **s** manchmal wie **ß**.
Mache die Verlängerungsprobe, wenn du dir nicht sicher bist.
das Gra**s** – die Grä**s**er, das Ei**s** – ei**s**ig

Wird der Vokal in der betonten ersten Silbe eines Wortes **kurz gesprochen**, ist die Silbe geschlossen. Es folgt **ss**.
die Flü**s**-**s**e, die Ga**s**-**s**en

Wird der Vokal in der betonten ersten Silbe eines Wortes **lang gesprochen**, ist die Silbe offen. Es folgt **ß**. Das **ß** klingt scharf und zischend.
die Stra-**ß**en, die Fü-**ß**e

2

1. *Setze **s**, **ss** oder **ß** ein.*
Mache die Verlängerungsprobe, wenn du unsicher bist.

der Rü.......el	die Va.......e	die Schlö.......er
der Fel.......en	die Fü.......e	die Ho.......e
die Ta.......e	die Na.......e	die Nü.......e

2. *Setze **s**, **ss** oder **ß** ein.*
Mache die Verlängerungsprobe, wenn du unsicher bist.

der Bi.......en	die Gan.......	der Ku.......
das Gra.......	der Gru.......	der Flu.......
der Krei.......	der Hal.......	der Ru.......

3. *Setze **s**, **ss** oder **ß** ein.*
Mache die Verlängerungsprobe, wenn du unsicher bist.

der Klo.......	der Fu.......	der Sto.......
das Ki.......en	das Ei.......	die Ka.......e
der Flei.......	der Spa.......	der Strau.......

4. *Setze **s**, **ss** oder **ß** ein.*
Mache die Verlängerungsprobe, wenn du unsicher bist.

er brem.......t	es flie.......t	es pa.......t
er lö.......t	sie spei.......t	sie lä.......t
er grü.......t	sie pa.......t	sie lie.......t

Tipp
Merke dir diese Wörter mit **s**. Sie werden oft gebraucht, aber auch häufig falsch geschrieben:
anders, niemals, fast, meistens, besonders, fest, beste, bis, raus, etwas, los, nichts, uns.

Diktat

3

Hallo Ulrike,
fast hätte ich deinen (auch: Deinen) Geburtstag vergessen. Hier war so viel los. Ich hoffe, das Päckchen kommt noch rechtzeitig an. Hoffentlich passt die Bluse, die ich für dich (auch: Dich) ausgesucht habe. Lass es dir (auch: Dir) ganz gut gehen! Ich wünsche dir (auch: Dir) ganz viel Spaß bei deiner (auch: Deiner) Geburtstagsfeier. Viele liebe Grüße und einen dicken Kuss sende ich dir (auch: Dir)! Vergiss mich nicht, bis bald!
Deine Oma Maria
(Wortanzahl: 64)

Trainingseinheiten

1

Wörter mit Dehnungs-h

In manchen Wörtern steht nach einem lang gesprochenen Vokal oder Umlaut ein **Dehnungs-h**.
Das **Dehnungs-h** ist ein ganz besonderes Zeichen. Es wird auch das **stumme h** genannt, weil du es nicht hören kannst:

der Fühler, wühlen, der Lehm, nehmen, der Zahn, wohnen, das Rohr, fahren.

2

1. *Unten findest du einige Nomen mit Dehnungs-h. Suche auf dem Zettel zu jedem Nomen zwei verwandte Wörter und ordne diese den Nomen zu.*

die Eisenbahn, der Bahnhof, gefehlt,
fehlerfrei, die Lehrerin, lehren, die Ohren,
der Ohrring, die Stühle, das Stuhlbein,
der Uhrzeiger, die Uhren, das Gefühl, fühlen,
die Zahlen, zählen, der Lehmofen, lehmig

die Bahn, ...

der Fehler, ...

der Lehrer, ...

das Ohr, ...

der Stuhl, ...

die Uhr, ...

der Fühler, ...

die Zahl, ...

der Lehm, ...

2. *Das Dehnungs-h kommt in einigen wichtigen Verben vor. So kannst diese Wörter üben: Trenne die Wörter in den Wörterketten unten.*
Markiere dann in jedem Wort das Dehnungs-h und trage die Wörter in die richtigen Spalten ein.

fahrefährstfährtfahrenfahrtfahren

ich	wir ....
du	ihr ....
er, sie, es	sie ....

fühlefühlstfühltfühlenfühltfühlen

ich	wir ....
du	ihr ....
er, sie, es	sie ....

nehmenimmstnimmtnehmennehmtnehmen

ich	wir ....
du	ihr ....
er, sie, es	sie ....

zählezählstzähltzählenzähltzählen

ich	wir ....
du	ihr ....
er, sie, es	sie ....

3. *Das Dehnungs-h steht nur vor bestimmten Buchstaben. Lies die folgenden Wörter und markiere das Dehnungs-h und den Buchstaben dahinter. Vor welchen vier Buchstaben steht das Dehnungs-h?*

die Bahn – der Fahrer – der Fehler – das Gefühl – der Lehm – der Lehrer – der Lohn – mehr – nehmen – ohne – das Ohr – der Ruhm – sehr – der Sohn – der Strahl – der Stuhl – die Uhr – der Verkehr – die Wahl – wahr – die Zahl – zahm – der Zahn – zehn – der Rahm

Ein Dehnungs-h steht vor den Buchstaben ....

4. *Schreibe die vier Buchstaben, vor denen ein Dehnungs-h stehen kann, in die Kreise. Sortiere dann die Wörter aus Aufgabe 3 auf die passende Linie.*

◯ ....

....

....

◯ ....

....

....

◯ ....

....

....

◯ ....

....

....

5. *Setze die passenden Miniwörter ein.*

Mama, Papa, Merit und Cleo sind beim Mittagessen.

„Den Kindern schmeckt es“, meint Papa. „Sie haben .... Teller ganz leer gegessen.“

Ja, ... schmeckt es immer!“, meint Mama.

Nach dem Essen räumen Merit und Cleo .... Teller ab. Danach geht Merit in .... Zimmer und macht .... Hausaufgaben. Sie findet die Rechenaufgaben zu schwer. Cleo hilft ....

Tipp

Die Miniwörter **ihm** und **ihn** stehen mit Dehnungs-h, damit man sie von den Wörtern **im** und **in** unterscheiden kann. Weitere Wörter mit Dehnungs-h: **ihnen**, **ihr**, **ihre**, **ihren** usw.

Test

3

a) Fülle die Lücken aus.

Elsa hat einen Roller. Der Roller gehört ....

Jan hat ein Fahrrad. Das Fahrrad gehört ....

Jan und Elsa haben ein Auto. Es gehört ....

b) Schreibe ein Diktat.

Wenn ich Fahrrad fahren kann, fühle ich mich gut. Ich nehme mir immer vor, vorsichtig zu fahren. Aber jetzt muss ich dir etwas erzählen. Heute stand Lotte neben mir an der Ampel. Wenn ich sie sehe, bekomme ich immer ein komisches Gefühl. Ich mag Lotte sehr.

1

Wichtige Übungswörter mit Dehnungs-h

In manchen Wörtern mit einem lang gesprochenen Vokal steht ein **Dehnungs-h**. Das Dehnungs-h kommt nur in wenigen Wörtern vor. Du kannst es nicht hören.

der Fe**h**-ler, ne**h**-men, die Zä**h**-ne, der Fa**h**-rer

Das Dehnungs-h steht nur vor den Buchstaben **l**, **m**, **n** und **r**.

2

1. *Markiere in den folgenden Nomen das Dehnungs-h. Ordne die Wörter dann nach dem Alphabet.*

der Fahrer | die Zahl | der Fehler | die Wohnung | die Uhr | der Verkehr | der Stuhl | der Zahn

der Fahrer, der Fehler, ...

....

....

....

2. *Schreibe die Nomen aus Aufgabe 1 in der Mehrzahlform auf.*

der Fahrer – die Fahrer, ...

....

....

....

Achtung: Ein Wort hat keine Mehrzahlform. Es ist das Wort:

....

3. *Immer drei Wörter gehören zusammen. Schreibe sie wie im Beispiel in dein Heft. Markiere das Dehnungs-h.*

~~die Fahrbahn~~ – die Zahl – die Mehrzahl – die Uhr – gefehlt – der Lehrer – fehlen – die Lehrerin – verkehrt – die Wohnung – wohnen – Wohnzimmer – der Uhrzeiger – ~~das Fahrrad~~ – die Taschenuhr – der Fehler – der Verkehr – die Einzahl – kehren – das Lehrerzimmer – ~~fahren~~

die Fahrbahn, das Fahrrad, fahren ....

4. *Setze passende Miniwörter in die Lücken ein.*

Das rote Fahrrad gehört Opa. Es gehört ....

Das blaue Fahrrad gehört Oma. Es gehört ....

Oma und Opa sind .... sportlich.

Sie fahren nicht .... mit dem Auto.

Tipp
Miniwörter mit Dehnungs-h: **ihm** und **ihr**, **sehr** und **mehr.**

Diktat

3

Unser Lehrer
Unser Lehrer Herr Zahl wohnt in der Stuhlbeinstraße. Er ist immer sehr nett. Wenn wir Fehler machen, hilft er uns. Jeden Tag fährt er mit seinem Fahrrad zur Schule. Ihm macht das Freude. Er hat kein Auto mehr. Heute üben wir mit ihm Wörter mit h. Ob ich die Wörter Uhr und Wohnung mit oder ohne h schreiben soll? Was meint ihr?
(Wortanzahl: 64)

1

Wörter mit h

Man unterscheidet Wörter mit **silbentrennendem h** und Wörter mit **Dehnungs-h**.

Beim **silbentrennenden h** ist das **h** die Brücke zwischen den Vokalen oder Umlauten. So kann man die Wörter leichter lesen.

ge-**h**en, die Hö-**h**e, ru-**h**ig

Das **Dehnungs-h** kommt nur in einigen Wörtern vor, in denen der Vokal lang gesprochen wird. Das Dehnungs-h steht nur vor den Buchstaben **l**, **m**, **n** und **r**.

die Za**h**-len, der Ra**h**-men, wo**h**-nen, die Le**h**-rer

Tipp

Nach langem **e**, **o**, **u** und **a** steht manches Mal
ein **Dehnungs-h.** Doch schreibe es nicht gar zu schnell.
Es steht nur vor **m**, **n**, **r** und **l**.
Bei **lahm** und **Ohren**, **Mohn** und **sehr**.
Bei **Zahl** und **Sohn** und noch bei **mehr**.
Aus: Unser Wortschatz (Westermann Verlag, Braunschweig, S. 339)

2

1. *Silbentrennendes h oder Dehnungs-h?*
Sortiere die Wörter auf Seite 149 ein.

blühen, fahren, der Fehler, fernsehen, froher, früher, fühlen, gehen, höher, der Lehrer, die Nähe, ruhig, wohnen, die Schuhe, sehen, wählen, ziehen, zahlen, zählen, ohne, die Zähne

Wörter mit silbentrennendem h: ....

....

....

Wörter mit Dehnungs-h: ....

....

....

2. *In jeder Reihe hat sich ein Wort mit silbentrennendem h eingeschlichen. Mache die Verlängerungsprobe, um herauszufinden, um welches Wort es sich handelt.*

er wohnt, er zählt, er zieht, er fehlt zie—hen

sie fährt, sie geht, sie zählt, sie fühlt ....

er zählt, er blüht, er wohnt, er wählt ....

er führt, er fühlt, er ruht, er fehlt ....

wahr, froh, sehr, mehr ....

der Stuhl, das Mehl, die Zahl, der Zeh ....

Tipp

Du hast gelernt, dass ein **Dehnungs-h** nur nach **l**, **m**, **n** und **r** stehen kann. Wenn du dir jetzt noch folgenden Vers merkst, weißt du genau, in welchen Worten kein Dehungs-h stehen darf:

Beginnt ein Wort mit **Bl** wie Bluse, mit **Sch** wie Schule,
mit **Sp** wie Span und mit **Kr** wie Kran,
mit **Qu** wie Qualle, mit **T** wie Tor,
dann kommt ein **Dehnungs-h** nicht vor.
Aus: Unser Wortschatz (Westermann Verlag, Braunschweig, S. 339)

3. *Entscheide jetzt ob folgende Wörter mit oder ohne Dehnungs-h geschrieben werden. Schreibe sie richtig auf.*

Richtig oder falsch?	**So ist es richtig:**
die Schule/die Schuhle	
die Tränen/die Trähnen	
die Stüle/die Stühle	
die Lerer/die Lehrer	
das Tal/das Tahl	
die Schere/die Schehre	
die Krone/die Krohne	
die Gefahr/die Gefar	

4. *Lies den Text. Achtung: In jedem Satz ist ein Wort falsch geschrieben. Streiche es durch und schreibe es richtig auf.*

Gestern musste Papa Zwiebeln ~~scähten~~ schälen. Da sind ihm aber die Trähnen gekommen. Er konnte auf einmal nichts mer sehen. Darum musste sich auf einen Stul setzen. Er weinte mindestens zen Minuten lang! Ich fand das einfach ser lustig. Papa aber schimpfte: „Nie mehr schäle ich Zwiebeln, one daran zu denken, dass ich vor dem Schneiden Schneidebrettchen, Messer und Hände kurz unter fließendes Wasser halten muss!“

Test

3

a) Kreuze die richtigen Antworten an.

Warum schreibt man das Wort **leben** ohne **Dehnungs-h**?

☐ Weil der Vokal kurz ist.

☐ weil vor **b** niemals ein Dehnungs-h steht.

Warum schreibt man das Wort **schälen** ohne **Dehnungs-h**?

☐ Weil vor **l** kein Dehnungs-h steht.

☐ Weil nach **sch** niemals ein Dehnungs-h steht.

Warum schreibt man das Wort **Blüte** ohne **Dehnungs-h**?

☐ Weil vor **t** kein Dehnungs-h steht

☐ Weil nach **Bl** kein Dehnungs-h steht.

Warum schreibt man das Wort **gehen** mit **h**?

☐ Damit man das Wort besser lesen kann, steht ein silbentrennendes h.

☐ weil vor **t** ein Dehnungs-h steht.

b) Ergänze in den folgenden Worten das Dehnungs-h. Achtung: In manchen Worten kann kein Dehnungs-h stehen. Mache dann ein Kreuz.

zä.....men	sich schä.....men	der Fü.....ler
der Schü.....ler	die Trä.....ne	die Zä.....ne
wo.....nen	sich scho.....nen	sich lo.....nen

Trainingseinheiten

1

Wörter mit b, d und g

Am Ende eines Wortes klingt **b** wie **p**, **d** wie **t**, **g** wie **k**.
Verlängere die Wörter, dann kannst du hören, ob es sich um ein **b**, **d** oder **g** handelt:

Korb → Kör**b**e, Hund → Hun**d**e, Weg → We**g**e,
lieb → der lie**b**e Hund, rund → der run**d**e Ball,
klug → das klu**g**e Kind.

Auch in der Wortmitte kann **b** wie **p** und **g** wie **k** klingen. Auch dann hilft die Verlängerungsprobe:

sie lebt → le**b**en, er sagt → sa**g**en.

2

1. *Vervollständige die Tabellen wie in den Beispielen. Streiche das falsch geschriebene Wort durch.*

Richtig oder falsch?	Verlängerungs-form:	So ist es richtig:
Abend / ~~Abent~~	die Abende	der Abend
Berg / ~~Berk~~	die Berge	der Berg
Erfolg / Erfolk		
Feld / Felt		
Freund / Freunt		
Geld / Gelt		
Hand / Hant		
Käfig / Käfik		
Kind / Kint		
Korb / Korp		

Richtig oder falsch?	Verlängerungsform:	So ist es richtig:
rund/runt	der runde Ball	rund
lieb/liep	das .... Kind	lieb
gesund/gesunt	das .... Frühstück	
gelb/gelp	die .... Zitrone	
halb/halp	die .... Banane	
klug/kluk	die .... Lehrerin	
wild/wilt	die .... Klasse	
blond/blont	die .... Haare	

Richtig oder falsch?	Verlängerungsform:	So ist es richtig:
sie lebt/sie lept	wir leben	sie lebt
sie gibt/sie gipt		
er kriegt/sie kriekt		
sie tobt/sie topt		
es klebt/es klept		
es fliegt/es fliekt		
sie schreibt/ sie schreipt		

Richtig oder falsch?	Verlängerungsform:	So ist es richtig:
er lobt/er lopt		
sie bleibt/ sie bleipt		
er liebt/er liept		
sie sagt/sie sakt		
sie trägt/sie träkt		
er fragt/er frakt		

2. *Fülle die Lücken. Die Verben in der zweiten Tabelle auf Seite 153 und hier auf Seite 154 helfen dir dabei.*

Kleiner Steckbrief

Cleo ist vier Jahre alt. Sie .... in Hamburg.

Sie .... am liebsten lila Kleider.

Sie .... ihre Eltern Löcher in den Bauch.

Cleo .... schon Briefe und Postkarten.

Sie .... gerne auf den Betten herum.

Merit, ihre kleine Schwester, ... Leo zu ihr.

3. *In dem Buchstabengitter findest du acht Wörter mit b, d und g, die häufig falsch geschrieben werden. Umfahre die Wörter und schreibe sie in dein Heft. Achtung: Jedes Wort kommt zweimal vor!*

h	a	l	b	d	u	t	b	d	g	e	n	u	g
a	e	c	n	g	k	u	m	c	e	g	f	n	u
b	q	w	d	u	o	u	v	n	n	s	y	d	x
t	l	o	u	j	k	k	q	w	u	n	d	e	t
a	o	s	d	f	e	r	t	i	g	f	g	h	j
o	b	k	l	e	y	i	x	c	v	b	n	b	m
b	j	z	f	r	z	e	b	h	a	b	t	x	z
h	j	t	d	t	s	g	c	a	a	a	u	r	f
p	u	r	e	i	d	t	f	l	u	l	c	k	j
k	r	i	e	g	t	u	d	b	e	d	p	e	n
i	s	b	i	d	u	g	l	o	n	r	n	t	f
d	z	f	t	f	b	x	f	b	a	l	d	r	x

Diktat

3

Peters Überraschung

Peter fragt, ob er ins Kino gehen darf. Mutter erlaubt es ihm nicht. Da zeigt Peter sein Wortdiktat. Er hat alles richtig.

Mutter schaut in Peters Heft und liest die Worte:

er kriegt, bald, der Zwerg, ob, fertig.

Mutter lobt ihren Sohn. Sie sagt: „Du bist klug!“

Dann gibt sie ihm endlich das Geld. Stolz springt Peter in die Luft. Jetzt scheibt er viel lieber Diktate.

(Wortanzahl: 68)

Trainingseinheiten

1

Wörter mit ä und äu

Schreibe **ä**, wenn es ein verwandtes Wort mit **a** gibt.
die H**ä**nde – die H**a**nd, sie w**ä**scht – w**a**schen, h**ä**rter – h**a**rt
Schreibe **äu**, wenn es ein verwandtes Wort mit **au** gibt.
die H**äu**ser – das H**au**s, er l**äu**ft – l**au**fen

2

1. *Suche ein verwandtes Nomen mit **ä**.*

der Arzt – die Ärzte ....
der Garten – ....
der Stamm – die ....
das Gras – die ....
der Apfel – die ....
der Hafen – die ....
die Kraft – die ....
die Väter – der ....
der Mann – die ....
die Stange – der ....
das Blatt – die ....
der Ast – die ....
der Draht – die ....
der Zahn – die ....

2. *Suche ein verwandtes Verb mit **ä**.*

die Zahl – wir zählen ....
der Schlaf – er ....
der Schlag – sie ....
der Halt – sie ....
der Hang – sie ....
die Naht – sie ....
die Wahl – sie ....
das Lachen – er ....

3. *Suche ein verwandtes Adjektiv mit **ä**.*

alt – älter ....
hart – ....
lang – ....
kalt – ....
scharf – ....
nah – ....

4. *Finde heraus, warum die fett gedruckten Wörter mit **ä** geschrieben werden.*
Setze dazu die folgenden Wörter in die Lücken ein.

ahnen – anders – arg – nach – Paket – schaffen – Zahl – Magd

Das Wort **Geschäft** ist verwandt mit dem Verb ....

Das Verb **ändern** ist verwandt mit dem Wort ....

Das Wort **Erzählung** ist verwandt mit dem Wort ....

Ein **Päckchen** ist ein kleines ....

Wusstest du, dass die Wörter **ähnlich** und .... verwandt sind?

Das Wort **ärgern** stammt von einem ganz alten Wort für böse ab. Das Wort heißt ....

Das Wort **Mädchen** kommt vom Wort „Mägdchen“, also „kleine ....

In dem Wort **nächste** wie in **nächster Monat** steckt das Wort ....

Die Wörter werden mit ä geschrieben, weil: ....
....

Tipp
Zu einigen Wörtern mit **ä** findet man keine verwandten Wörter mit **a**. Diese Wörter musst du dir einfach merken, z. B.
der Käfig, der Käfer, der Lärm, der März, die Träne, spät, während.

5. *Suche ein verwandtes Nomen mit **äu**.*

der Strauß – die Sträuße

der Strauch – die ....

der Bauch – die ....

der Haufen – das ....

der Traum – die ....

das Kraut – die ....

das Haus – die ....

das Auge – das ....

6. *Suche ein verwandtes Nomen mit **äu**.*

bauen – das Gebäude

rauschen – das ....

rauben – der ....

saugen – der ....

Tipp
Zu einigen Wörtern mit **äu** findet man keine verwandten Wörter mit **au**. Diese Wörter musst du dir merken, z. B.
sich räuspern, sich sträuben, die Säule, das Knäuel.

7. *Ordne die folgenden Wörter zu einem Quartett.*
Trage sie in die Kärtchen auf Seite 159 ein.

das Gebäck
das Geläut
die Gefahr
laut
käuflich
läuten
gelaufen
die Bäckerei
der Läufer
der Verkäufer
die Fähre
gefährlich
die Erzählung
laufen
die Bäckerin
der Kaufmann
die Zahl
der Zähler

sie backt

er zählt

er fährt

sie läuft

sie läutet

er kauft

Diktat

3

Kleiner Spaßtext
Der Bäcker backt. Das Päckchen packt.
Die Erzählung erzählt. Die Ärztin verarztet.
Der Gärtner gärtnert. Die Angst ist ängstlich.
Die Zähne zahnen. Die Plätze platzen.
Die Geschäfte schaffen.
Der Traum träumt. Der Schaum schäumt.
Das Geräusch rauscht. Das Gebäude baut.
(Wortanzahl: 42)

Kapitel 1: Entdeckungsreise in die Welt der Laute und Buchstaben

Seite 8

1.

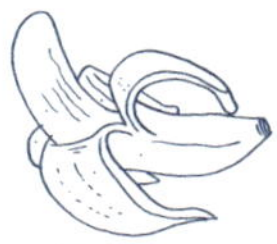
Banane

Tomate

Telefon

Schokolade

Seite 9

2. individuelle Schülerlösung

3.

Rabe

Elefant

Schafe

Zebra

Krokodil

Papagei

Test

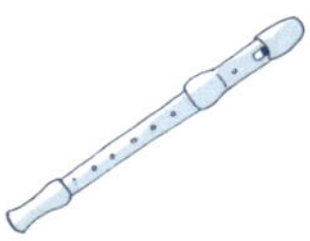
Flöte

Nashorn

Flasche

Ameise

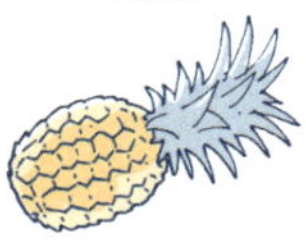
Ananas

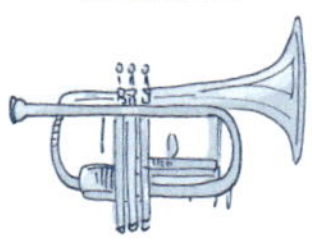
Trompete

<u>Auswertung zum Test</u>
Für jedes richtig geschriebene Wort erhältst du einen Punkt.

Von insgesamt 6 Punkten hast du .... Punkte erreicht.

Super!	In Ordnung!	Bitte noch einmal üben!
6 Punkte	5 bis 4 Punkte	weniger als 4 Punkte

Seite 10

1. ABCDEFGHIJKLMNOPQRSTUVWXYZ

2. Aa, Ee, Ii, Oo, Uu

3. Bb, Cc, Dd, fF, Gg, Hh, Jj, Kk, Ll, Mm, Nn, Pp, Qq, Rr, Ss, Tt, Uu, Vv, Ww, Xx, Yy, Zz

4.

Hund

Berg

Nest

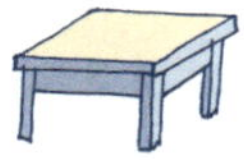
Tisch

5.

Kind

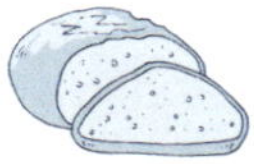
Brot

Mond

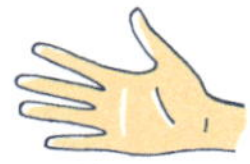
Hand

Seite 11

6. Brot, Vogel, Garten, Blumen

Test

a) Zebra, Gorilla, Orang Utan, Praline, Limonade, Badezimmer
b) Sandkasten, Fotoalbum, Telefon, Computer, Regenwurm, Obsttorte
c) Hefte, Tinte, Brotdose

Auswertung zum Test

Für jedes richtige Wort erhältst du einen Punkt.

Von insgesamt 15 Punkten hast du .... Punkte erreicht.

Super!	In Ordnung!	Bitte noch einmal üben!
15 bis 14 Punkte	13 bis 8 Punkte	weniger als 8 Punkte

Seite 12

1.

Bären

Möbel

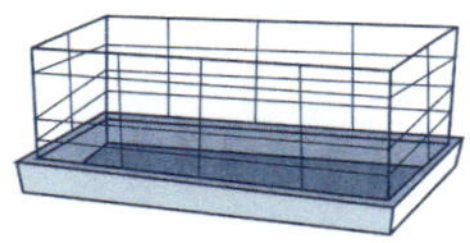
Käfig

Blüte

Mädchen

Tüte

2.

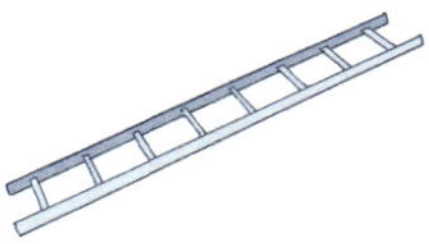
Leiter

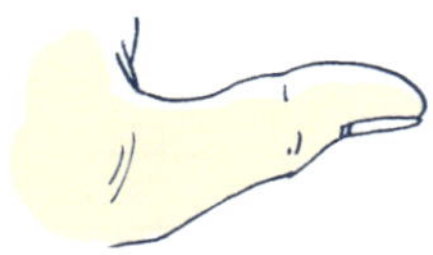
Daumen

Baum

Feuer

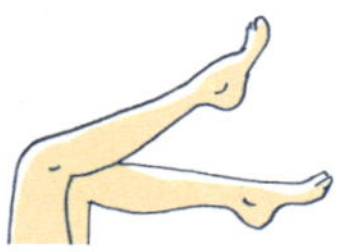
Beine

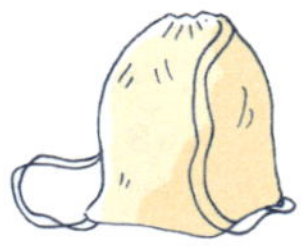
Beutel

Seite 13

3.

Maus

Haus

Baum

Mäuse

Häuser

Bäume

4.

Haare

Boote

Zoo

Beere

Waage

See

Auswertung zum Test
Für jedes richtig geschriebene Wort erhältst du einen Punkt.

Von insgesamt 12 Punkten hast du .... Punkte erreicht.

Super!	In Ordnung!	Bitte noch einmal üben!
12 bis 11 Punkte	10 bis 6 Punkte	weniger als 6 Punkte

Seite 14

1.

der Spaß	der Strumpf	die Straße
die Pflanze	der Strom	das Pfund
der Streit	das Spiel	das Pflaster
der Spatz	die Sprache	der Stift
die Stunde	die Stadt	die Pfanne
der Striegel	der Stuhl	der Sprudel
das Pferd	der Spiegel	der Stall
der Sport	das Stück	der Pfeil

Seite 15

2. Wörter mit **St**: der Streit, die Stunde, der Striegel, der Strumpf, der Strom, die Stadt, der Stuhl, das Stück, die Straße, der Stift, der Stall
Wörter mit **Sp**: der Spaß, der Spatz, der Sport, das Spiel, die Sprache, der Spiegel, der Sprudel
Wörter mit **Pf**: die Pflanze, das Pferd, das Pfund, das Pflaster, die Pfanne, der Pfeil

Seite 16

3. die Pferde, die Pfeife
die Feder, das Fenster

4. spielen, gespielt, verspielt
stark, stärker, gestärkt
stellen, gestellt, angestellt

sparen, sparsam, die Spardose
stehen, verstehen, gestanden
still, stillen, die Stille

Seite 17

Test

a)

der Sprudel	das Pferd	das Pflaster
die Pflanze	das Stück	der Strauch
die Spinne	der Stern	die Stunde
der Stall	der Stift	der Pfeil
der Strumpf	der Spiegel	der Streit
die Stadt	das Spiel	der Spaß
das Pfund	der Pfarrer	die Pfefferminze

b) der Stern, das Pflaster, der Strauch, die Spinne, die Pflanze

Auswertung zum Test

Für jedes richtig geschriebene Wort erhältst du einen Punkt.

Von insgesamt 26 Punkten hast du .... Punkte erreicht.

Super!	In Ordnung!	Bitte noch einmal üben!
26 bis 24 Punkte	23 bis 13 Punkte	weniger als 13 Punkte

Seite 18

1.

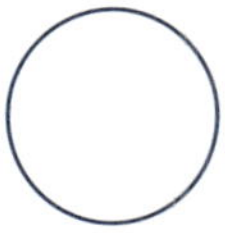
Kreis

Quelle

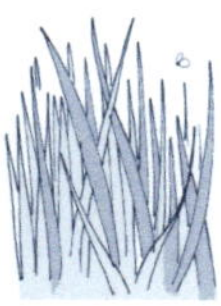
Gras

Glas

Knopf

Quadrat

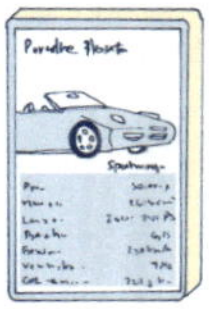
Quartett

Gabel

Kreuz

Kleid

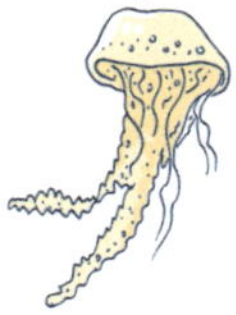
Qualle

Katze

Gurke

Kingel

Qualm

Klavier

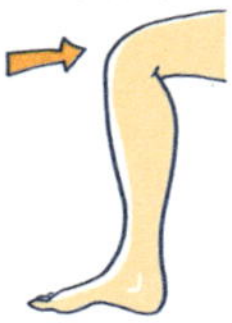
Knie

Quirl

Seite 19

2.

G	K	Qu
Gras	Kreis	Quelle
Glas	Knopf	Quadrat
Gabel	Kreuz	Quartett
Gurke	Kleid	Qualle
	Katze	Qualm
	Klingel	Quirl
	Klavier	
	Knie	

3. Reis – Kreis
Tatze – Katze
Schelle – Quelle
Halm – Qualm
schlau – grau
Schlingel – Klingel

Test

das Krokodil
der Quatsch
die Quittung
die Glocke
die Gräte
die Kiste
die Klingel
der Quark
das Glück

Auswertung zum Test

Für jedes richtig geschriebene Wort erhältst du einen Punkt.

Von insgesamt 9 Punkten hast du .... Punkte erreicht.

Super!	In Ordnung!	Bitte noch einmal üben!
9 bis 8 Punkte	7 bis 5 Punkte	weniger als 5 Punkte

Seite 20

1.

Wörter mit Th	Wörter mit Ch/ch	Wörter mit Ph/ph
Theater	Chance	Physik
Thema	Champignon	Smartphone
Theke	Chaos	
Thermometer	Charakter	
Thron	Chef	
Thriller	Chemie	
	chic	
	Chinese	
	Chips	
	Chor	

Seite 21

2.

B	C	H	A	N	C	E	F	P	J	T	H	R	O	N
D	H	A	D	I	H	M	P	L	G	H	H	F	I	F
G	I	E	F	K	E	I	H	T	H	E	M	A	C	P
J	P	H	D	O	F	Q	Y	H	C	R	E	I	K	Q
L	S	I	F	N	R	S	S	F	B	M	I	L	D	M
I	N	C	H	A	M	P	I	G	N	O	N	T	E	G
C	F	H	U	M	K	L	K	E	F	M	V	J	C	T
H	H	O	A	I	J	D	E	Z	U	E	W	K	E	H
A	D	R	E	D	P	V	G	X	B	T	H	E	K	E
O	C	B	M	J	O	E	S	H	R	E	D	O	F	A
S	G	C	H	A	R	A	K	T	E	R	B	D	G	T
E	D	I	K	N	U	G	T	N	D	J	H	K	I	E
S	M	A	R	T	P	H	O	N	E	B	F	J	H	R

Test

Viele Menschen singen in einem Chor.

Die Temperatur misst man mit einem Thermometer.

Aus Kartoffeln macht man knusprige Chips.

Der König besteigt seinen Thron.

Ein Schauspielhaus wird Theater genannt.

Eine bekannte Pilzsorte sind Champignons.

Durcheinander wird auch Chaos genannt.

Zwei Schulfächer, die sich mit Naturwissenschaften beschäftigen: Physik und Chemie.

Eine Schulleiterin ist die Chefin der Schule.

Auswertung zum Test

Für jedes richtig geschriebene Wort erhältst du einen Punkt.

Von insgesamt 10 Punkten hast du .... Punkte erreicht.

Super!	In Ordnung!	Bitte noch einmal üben!
10 Punkte	9 bis 5 Punkte	weniger als 5 Punkte

Seite 22

1. Wörter mit *cks*: Knacks, schnurstracks,
   Wörter mit *ks*: links, schlaksig, Keks
   Wörter mit *chs*: sechs, wachsen, Erwachsene, Dachs, Eidechse, Gewächs
   Wörter mit *x*: Taxi, extra, Text, Praxis, Lexikon, Mixer, Hexe,

Seite 23

2. sechs, Erwachsene, Gewächs, wachsen, Mixer
   Klecks, Knicks, Knacks, Keks, Klacks, Mucks
   wachsen, Gewächs, Erwachsene, Knicks, Lachs
   Box, Mixer, Hexe, Xylophon, Taxi, Lexikon, Knicks

Test
Elektrisches Rührgerät: Mixer.
Eins plus eins plus eins plus drei sind sechs.
Ein Nachschlagewerk ist ein Lexikon.
So werden Plätzchen auch genannt: Kekse.
Eine bekannte Märchenfigur ist die Hexe.
Bäume werden größer. Sie wachsen.
Das Gegenteil von rechts ist links.
Ein anderes Wort für Dose: Büchse (auch: Box).
Eine Kerze besteht aus Wachs.
Viele Ärzte haben eine Praxis.
Eine kleine Verbeugung nennt man einen Knicks.
Jemand der still ist, macht keinen Mucks.
Wer mit Farbe kleckert, macht einen Klecks.
Ein Tier mit schwarz-weißem Fell: Dachs.

Auswertung zum Test
Für jedes richtig geschriebene Wort erhältst du einen Punkt.

Von insgesamt 14 Punkten hast du .... Punkte erreicht.

Super!	In Ordnung!	Bitte noch einmal üben!
14 bis 13 Punkte	12 bis 7 Punkte	weniger als 7 Punkte

Seite 24

1. Mutti, Vati, Batterie, Salami
   Knie, Etui, Chemie, Geometrie
   Baby, Teddy, Handy, Gameboy
   Party, Hobby, Curry, Intercity, Juni
   Juni, Juli, Kuli, Pony, Ski
   Melodie, Biologie, Familie, Fantasie, Energie
   Kopie, Melodie, Kastanie, Jalousie
   Petersilie, Kastanie, Lilie, Energie

Seite 24/25

2. Wörter mit **i**: Mutti, Vati, Salami, Etui, Juni, Juli, Kuli, Ski
   Wörter mit **ie**: Batterie, Knie, Chemie, Geometrie, Melodie, Biologie, Familie, Fantasie Energie, Kopie, Kastanie, Jalousie, Petersilie, Lilie
   Wörter mit **y**: Baby, Teddy, Handy, Gameboy, Party, Hobby, Curry, Intercity, Pony

Auswertung zum Test

Super!	In Ordnung!	Bitte noch einmal üben!
0 bis 2 Fehler	3 bis 6 Fehler	mehr als 6 Fehler

Kapitel 2: Entdeckungsreise in die Welt der Silben

1. Seite 26

eine Silbe	zwei Silben	drei Silben
Gans	Kat-ze	Kän-gu-ru
Fisch	Bie-ne	Pan-da-bär
Pferd	Flie-ge	Pa-pa-gei
Reh	En-te	Ka-nin-chen
Hund	Schlan-ge	Re-gen-wurm

2. Spielzeugladen, Fußballschuhe, Kinderschuhe, Kindergarten, Bücherregal, Schokotorte Seite 27

3. Seite 28

eine Silbe	zwei Silben
Elch	Auto
Arzt	Eisen
Hund	Eile
Kuh	Eule
Milch	Eimer
Wort	Eiweiß
Ort	August
Maus	

4. Falsch gegliedert waren:
Pa-pri-ka, Man-da-ri-ne, Ap-fel, Kir-schen, Pam-pel-mu-se, Pfir-sich

Test Seite 29

a) **Einsilber:** Mai , Herbst, März, Schnee, Tag

Zweisilber: Frühling, Juni, Monat, Sommer, Winter

Dreisilber: Dezember, Geburtstag, Kalender, Weihnachten

Viersilber: Badeanzug, Regenbogen, Sommerurlaub

b) Bleistiftanspitzer Geburtstagsgeschenk

Auswertung zum Test

Für jede richtige Antwort erhältst du einen Punkt.

Von insgesamt 19 Punkten hast du .... Punkte erreicht.

Super!	In Ordnung!	Bitte noch einmal üben!
19 bis 17 Punkte	16 bis 10 Punkte	weniger als 10 Punkte

Silben

Seite 31

1.

[l][e][ ] [s][e][n] — [r][e][ ] [d][e][n]

[r][ei][ ] [t][e][n] — [sp][ie][ ] [l][e][n]

2.

[l][e][r] [n][e][n] — [r][e][ch] [n][e][n]

[d][e][n] [k][e][n] — [st][o][l] [p][e][rn]

3.

[N][i][ch] [t][e][ ] geschlossene Silbe

[T][a][n] [t][e][ ] geschlossene Silbe

[V][a][ ] [t][e][r] offene Silbe

Seite 32

4.

[ ][O][n] [k][e][l] geschlossene Silbe

[ ][E][n] [k][e][l] geschlossene Silbe

[Br][u][ ] [d][e][r] offene Silbe

5.

offene Silbe	**geschlossene Silbe**
Hefe	Hefte
Miete	Mitte
Hafer	Harfe
raten	rasten
Spaten	Spalte

Seite 33

Test

a)

Kirsche	Kir-sche	geschlossene Silbe
Apfel	Ap-fel	geschlossene Silbe
Erde	Er-de	geschlossene Silbe
Kerze	Ker-ze	geschlossene Silbe
Mäuse	Mäu-se	offene Silbe
Schale	Scha-le	offene Silbe
Vater	Va-ter	offene Silbe

b)

	geschlossene Silbe	Wolke
	geschlossene Silbe	Ampel
	geschlossene Silbe	Katze

<u>Auswertung zum Test</u>
Für jede richtig gelöste Aufgabe erhältst du einen Punkt.

Von insgesamt 9 Punkten hast du .... Punkte erreicht.

Super!	In Ordnung!	Bitte noch einmal üben!
9 Punkte	8 bis 5 Punkte	weniger als 5 Punkte

Seite 34

1.

	P i n	s e l	geschlossene Silbe
	P i l	z e	geschlossene Silbe
	K i n	d e r	geschlossene Silbe
	Br ie	f e	offene Silbe
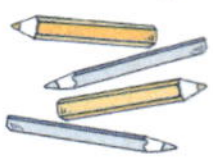	St i f	t e	geschlossene Silbe
	Z ie	g e	offene Silbe
	B i l	d e r	geschlossene Silbe

Seite 35

2.

wir f i nden	f i n	d e n	ich finde
wir tr i nken	tr i n	k e n	du trinkst
wir fl ie gen	fl ie	g e n	er fliegt
wir br i ngen	br i n	g e n	sie bringt
wir l ie ben	l ie	b e n	es liebt

Silben

Auswertung zum Diktat

Super!	In Ordnung!	Bitte noch einmal üben!
0 bis 1 Fehler	2 bis 5 Fehler	mehr als 5 Fehler

Seite 36

1. Va-ter / ~~Vat-ter~~ Mut-ter / ~~Mu-ter~~ sam-meln / ~~sa-meln~~
   Bäl-le / ~~Bä-le~~ Klasse / ~~Kla-se~~ ~~Tre-pe~~ / Trep-pe

Seite 36/37

2.

Richtig oder falsch?	
~~Blütte~~ oder Blüte?	die Blü-te
Betten oder ~~Beten~~?	die Bet-ten
Blatt oder ~~Blat~~?	das Blatt
Füller oder ~~Füler~~?	der Fül-ler
Löffel oder ~~Löfel~~?	der Löf-fel
~~Bessen~~ oder Besen?	der Be-sen
Schiff oder ~~Schif~~?	das Schiff
Nuss oder ~~Nus~~?	die Nuss
Schlüssel oder ~~Schlüsel~~?	der Schlüs-sel
Mann oder ~~Man~~?	der Mann
Bagger oder ~~Bager~~?	der Bag-ger

Seite 37

Auswertung zum Diktat

Super!	In Ordnung!	Bitte noch einmal üben!
0 bis 2 Fehler	3 bis 6 Fehler	mehr als 6 Fehler

Seite 38

1. Richtig sind folgende Schreibweisen: die Glatze, das Päckchen, die Pizza, sie hetzt, schwitzen, er flitzt, dick, Akte, das Akkordeon, sitzen.

2. schmatzen die Pfütze der Satz seufzen
   die Hetze würzen die Witze flitzen

Seite 39

3. zwicken der Dackel ticken das Geschenk
   lecker der Engel nackt die Flocke

Test

a) Ein **tz** folgt in der Regel auf einen kurzen Vokal.
b) Ein **ck** folgt in der Regel auf einen kurzen Vokal.
   Ein **ck** wird nicht getrennt.
c) krank, Wecker, schminken, stärken, jucken
d) er motzt, sie petzt, er wetzt, sie setzt, er verletzt, sie hetzt

Auswertung zum Test
Für jede richtig gelöste Aufgabe erhältst du einen Punkt.

Von insgesamt 14 Punkten hast du .... Punkte erreicht.

Super!	In Ordnung!	Bitte noch einmal üben!
14 bis 13 Punkte	12 bis 7 Punkte	weniger als 7 Punkte

1. Die Wörter lassen sich ohne silbentrennendes h nur schwer lesen. Seite 40

2.

3. die Höhe – die Flöhe
die Nähe – die Rehe
die Ruhe – die Truhe
die Ehe – die Zehe
die Zehe – die Ehe
die Mühe – die Kühe

4. blühen – glühen, fliehen – ziehen, gehen – stehen, mähen – nähen, muhen – ruhen Seite 41

Test

a) fliehen, ziehen, ~~knien~~, wiehern
blühen, glühen, ~~rühren~~, bemühen
gehen, sehen, wehen, stehen, ~~fehlen~~

b) Das Feuer glüht. Ich denke an: glühen.
Der Junge geht zu Fuß. Ich denke an: gehen.
Opa mäht den Rasen. Ich denke an: mähen.
Die Rose im Garten blüht. Ich denke an: blühen.
Frau Naht näht eine Hose. Ich denke an: nähen.
Elsa ruht sich auf dem Sofa aus. Ich denke an: ruhen.

Auswertung zum Test
Für jede richtig gelöste Aufgabe erhältst du einen Punkt.

Von insgesamt 13 Punkten hast du .... Punkte erreicht.

Super!	In Ordnung!	Bitte noch einmal üben!
13 Punkte	12 bis 7 Punkte	weniger als 7 Punkte

Kapitel 3: Wortbausteine

1. das Türschloss, der Schaukelstuhl, der Fußball, der Bildschirm, der Zahnarzt Seite 42

2. der Löwnzahn, der Sonnenschirm, das Taschengeld, die Blumenvase, das Schneckenhaus, die Suppenschüssel, der Möhrensalat, die Straßenlaterne, der Wolkenkratzer, die Klassenlehrerin Seite 43

Wortbausteine

3. der Kindergarten, der Bilderrahmen, das Liederbuch, die Geisterbahn, der Bücherschrank, die Lichterkette, das Kinderzimmer, der Kleiderbügel

Seite 44

4. das Eselsohr, der Geburtstag, die Zeitungsanzeige, das Verkehrsschild, die Eingangstür, das Überraschungsei

5. der Türrahmen, der Ohrring, das Schlüsselloch, die Stuhllehne, die Sporttasche, der Hausstaub, das Betttuch

Seite 45

Test
das Schneckenhaus, der Herbststurm, das Handtuch, der Pferdestall
die Nussschale, der Badeanzug, der Suppenlöffel, das Hundefutter
der Türrahmen, die Badewanne, der Fingerring, der Donnerstag
die Pfanddose, die Salatschüssel, der Flaschenhals, das Fahrradschloss

Auswertung zum Test
Für jede richtig gelöste Aufgabe erhältst du einen Punkt.

Von insgesamt 16 Punkten hast du .... Punkte erreicht.

Super!	In Ordnung!	Bitte noch einmal üben!
16 bis 15 Punkte	14 bis 8 Punkte	weniger als 8 Punkte

Seite 46

1. NEUABTEILOFTABSATZWIRABSCHIEDNIEABSCHNITT
WIRABFAHRTENDE
NEUANHANGOFTANRUFWIRANSCHRIFTNIEANTRAG
JETZTANNAHMEBALDENDE
NEUENTFERNUNGOFTENTSCHEIDUNGWIR
ENTSCHULDIGUNGNIEENTTÄUSCHUNGJETZTENTWICKLUNGENDE
NEUVERBANDOFTVERBOTWIRVEREINNIEVERKEHR
JETZTVERSTANDENDE
NEUVORFAHRTOFTVORHANGWIRVORMITTAGNIEVOR-
SCHLAGJETZTVORTRAGENDE

2. Vorsilbe **Ab-**: Abteil, Absatz, Abschied, Abschnitt, Abfahrt
Vorsilbe **An-**: Anhang, Anruf, Anschrift, Antrag, Annahme
Vorsilbe **Ent-**: Entfernung, Entscheidung, Entschuldigung, Enttäuschung, Entwicklung
Vorsilbe **Ver-**: Verband, Verbot, Verein, Verkehr, Verstand
Vorsilbe **Vor-**: Vorfahrt, Vorhang, Vormittag, Vorschlag, Vortrag

Seite 47

3.

1	binden	2	Abfahrt
2	fahren	8	Anschrift
3	hängen	1	Verband
4	teilen	4	Abteil
5	nehmen	6	Entscheidung
6	scheiden	3	Anhang
7	schneiden	7	Abschnitt
8	schreiben	5	Abnahme

Test
Abfall, ~~Abend~~, Abhang, Abfluss, ~~Abenteuer~~, Absatz
Anhang, Anfang, ~~Angel~~, Anblick, ~~Ananas~~, Andenken
Entfernung, ~~Endergebnis~~, Enttäuschung, ~~Endlauf~~, Entzündung
Verband, Verbot, ~~Veranda~~, Verkehr, Versand, ~~Verben~~, Verschluss
Enttäuschung, ~~Versand~~, Annahme, Abbildung, Vorrat, ~~Abhang~~

Auswertung zum Test
Für jedes gefundene Wort erhältst du einen Punkt.

Von insgesamt 9 Punkten hast du .... Punkte erreicht.

Super!	In Ordnung!	Bitte noch einmal üben!
9 Punkte	8 bis 5 Punkte	weniger als 5 Punkte

Seite 48

1. **-heit:** Klugheit, Dunkelheit, Freiheit, Schönheit
   -keit: Süßigkeit, Fröhlichkeit, Ehrlichkeit, Feuchtigkeit
   -ung: Leistung, Rechnung, Sammlung, Heizung, Kleidung
   -schaft: Mannschaft, Freundschaft, Landschaft, Gemeinschaft
   -nis: Zeugnis, Erlaubnis, Erlebnis, Geheimnis

2. die Flüssigkeit, die Aufmerksamkeit, die Berühmtheit, die Dummheit, die Einsamkeit, die Finsternis

Seite 49

3. die Freiheit, die Freundlichkeit, das Geheimnis, die Gesundheit, die Krankheit, die Möglichkeit, die Sauberkeit, die Schönheit, die Schwierigkeit, die Vergangenheit

4. die Übung, die Achtung, die Berichtigung, die Entfernung, die Erzählung, die Führung, die Heizung, die Herstellung, die Reinigung

Seite 50

5.

	Singular (Einzahl)	Plural (Mehrzahl)
ereignen	das Ereignis	die Ereignisse
verzeichnen	das Verzeichnis	die Verzeichnisse
kennen	die Kenntnis	die Kenntnisse
erleben	das Erlebnis	die Erlebnisse
begraben	das Begräbnis	die Begräbnisse
erschweren	die Erschwernis	die Erschwernisse
zeugen	das Zeugnis	die Zeugnisse

6. die Ehrlichkeit, die Freundlichkeit, die Geschwindigkeit, die Herzlichkeit, die Müdigkeit Seite 50/51

Test
die Schönheit, die Entdeckung, die Dankbarkeit, die Erzählung, die Freiheit, die Übung

Auswertung zum Test
Für jede richtige Antwort in Aufgabe a) erhältst du einen Punkt (insgesamt 6 Punkte), ebenso für jedes richtig geschriebene Wort (mit Artikel) in Aufgabe b) (insgesamt 18 Punkte).

Wortbausteine

Von insgesamt 24 Punkten hast du .... Punkte erreicht.

Super!	In Ordnung!	Bitte noch einmal üben!
24 bis 22 Punkte	21 bis 12 Punkte	weniger als 12 Punkte

Seite 52

1. Vorsilben mit zwei Buchstaben: zu-, an-, be-, ab-, ge-
   Vorsilben mit drei Buchstaben: vor-, her-, aus-, dar-, bei-, hin-, zer-, weg-, ver-, mit-, auf-, ent-
   Vorsilben mit mehr als drei Buchstaben: unter-, über-, durch-

2. mitlaufen, entlaufen, vorlaufen, verlaufen, weglaufen, nachlaufen

Seite 53

3. darstellen, bestellen, verstellen, aufstellen, wegstellen, ausstellen, abstellen, anstellen

4. hingucken, begucken, angucken, weggucken, abgucken
   Die Vorsilben **ent-** und **zer-** passen nicht.

5. aufschreiben, beschreiben, anschreiben, hinschreiben, unterschreiben, abschreiben
   Die Vorsilben **ent-** und **weg-** passen nicht.

Seite 54

6. überholen, überhören, überschnappen, überstehen, übertreiben

7. abbilden, abbiegen, abbrennen, abbürsten
   auffangen, auffahren, auffallen, auffassen, auffliegen
   verrutschen, verreisen, verrechnen, verraten, verrühren

Seite 55

Test

a) angucken, mitgucken, weggucken, ~~beigucken~~, hingucken
   anfahren, ~~unterfahren~~, auffahren, mitfahren, wegfahren, fortfahren
   entdecken, verdecken, bedecken, ~~zerdecken~~, abdecken, zudecken

Auswertung zum Test

Zähle deine Fehler in den Aufgaben a) und b) zusammen.

Super!	In Ordnung!	Bitte noch einmal üben!
0 bis 2 Fehler	3 bis 8 Fehler	mehr als 8 Fehler

Seite 56

1. **-ig:** ruhig, traurig, richtig, flüssig, billig
   -lich: ärgerlich, freundlich, sportlich, ordentlich
   -isch: praktisch, komisch, türkisch, stürmisch
   -haft: traumhaft, schwatzhaft
   -bar: dankbar, lesbar, lösbar, essbar
   -sam: langsam, grausam

Seite 57

2.

die Wolken	wolkig	das wolkige Wetter
der Regen	regnerisch	das regnerische Wetter

die Sonne	sonnig	das sonnige Wetter
der Nebel	neblig	das neblige Wetter
das Eis	eisig	das eisige Wetter
der Schreck	schrecklich	das schreckliche Wetter
der Sturm	stürmisch	das stürmische Wetter
der Winter	winterlich	das winterliche Wetter
der Wind	windig	das windige Wetter
der Herbst	herbstlich	das herbstliche Wetter
der Freund	freundlich	das freundliche Wetter
der Sommer	sommerlich	das sommerliche Wetter
der Herr	herrlich	das herrliche Wetter
der Frost	frostig	das frostige Wetter

3. unordentlich, undankbar, unruhig, unlesbar, unfreundlich, unvorsichtig, unpraktisch, ungeduldig **Seite 58**
   Die Wörter **traurig** und **schwierig** lassen sich nicht mit dem Baustein **un** verbinden.

Test **Seite 59**

a) die Lust – lustig, der Typ – typisch, die Angst – ängstlich, die Vorsicht – vorsichtig, die Geduld – geduldig, der Sport – sportlich, der Freund – freundlich, das Ende – endlich
b) individuelle Schülerlösung

Auswertung zum Test
Zähle deine Fehler in den Aufgaben a), b) und c) zusammen.

Super!	In Ordnung!	Bitte noch einmal üben!
0 bis 3 Fehler	4 bis 9 Fehler	mehr als 9 Fehler

Kapitel 4: Wortfamilien

1. schreiben – Schreibheft – du schreibst – geschrieben **Seite 60**
   wir lesen – Lesebuch – du liest – gelesen – leserlich
   wir malen – Malbuch – du malst – gemalt – malerisch
   wir essen – Esstisch – du isst – gegessen – essbar
   wir spielen – Spielfilm – du spielst – gespielt – spielerisch

2. fallen – schlafen – fangen – halten – fahren – er fällt – sie schläft – er fängt – sie hält – sie fährt – gefallen – geschlafen – gefangen – gehalten – gefahren – das Fahrrad – der Schlaf – der Zufall – der Fang – der Füllhalter – die Fahrkarte – schläfrig – haltbar – gefährlich
   Es fällt auf, dass sich der Wortstamm bei manchen Wörtern etwas verändert.

3. FALL: fallen, gefallen, der Zufall, er fiel; HALT: halten, gehalten, der Füllhalter, haltbar, sie hielt; SCHLAF: schlafen, geschlafen, der Schlaf, er schlief; FANG: fangen, gefangen, der Fang, sie fing; FAHR: fahren, gefahren, das Fahrrad, die Fahrkarte, es fuhr **Seite 61**

4. er fällt, sie schläft, er fängt, sie hält, sie fährt, schläfrig, gefährlich

5. Sie sind entfernt miteinander verwandt.

Seite 62

6. siehe Lösung zu 3, Seite 61

7. FERN: die Ferne, entfernen, die Entfernung, das Fernsehen, das Fernrohr
SEH: ansehen, fernsehen, die Sehhilfe, gesehen, der Sehtest
SEND: senden, gesendet, die Sendung, der Sender, versenden

8. Fußballspiel, Angelspiel, Brettspiel, Endspiel, Kartenspiel

Seite 63

9. ich spiele, du spielst, er/sie/es spielt, wir spielen, ihr spielt, sie spielen

Test
lesbar, gelesen, vorlesen, Lesebuch, (du liest)
Fahrbahn, Abfahrt, (sie fuhr), gefahren, Ausfahrt
Schlafsaal, Schlafanzug, (er schlief), verschlafen
ich fange, empfangen, (ich fing), der Anfang, der Fang
der Fall, der Fallschirm, (ich fiel), gefallen, der Beifall
ansehen, gesehen, ich sehe, (er sieht), zusehen

Auswertung zum Test
Für jeden richtig markierten Wortstamm und jeden richtig gefundenen Ausreißer erhältst du einen Punkt.

Von insgesamt 29 Punkten hast du .... Punkte erreicht.

Super!	In Ordnung!	Bitte noch einmal üben!
29 bis 28 Punkte	27 bis 16 Punkte	weniger als 16 Punkte

Seite 64

1. der Absatz – der Anzug – der Aufsatz – die Decke – die Erzieherin – die Scheidung – die Zügel – du fährst – du guckst – du entdeckst – entschieden – entsetzlich – er fuhr – er isst – das Erlebnis – es zog – essbar – das Esszimmer – das Fahrrad – gegessen – geguckt – gelebt – gesetzt – gezogen – das Guckloch – sie guckte – ich deckte – lebendig – lebhaft – sie lebte – verschieden – unentschieden – das Verdeck – versetzt – die Vorfahrt – wegfahren – wir aßen – zudecken – zugucken

2. **DECK:** die Decke, du entdeckst, ich deckte, das Verdeck, zudecken; **ESS:** essbar, das Esszimmer, gegessen; **FAHR:** das Fahrrad, die Vorfahrt, wegfahren; **GUCK:** du guckst, geguckt, das Guckloch, sie guckte, zugucken; **LEB:** das Erlebnis, gelebt, lebendig, lebhaft, sie lebte; **SCHEID:** die Scheidung; **SETZ:** entsetzlich, gesetzt, versetzt; **ZIEH:** die Erzieherin

Seite 65

3. Entfernt verwandt mit **ESS:** er isst, wir aßen
Entfernt verwandt mit **FAHR:** du fährst, er fuhr
Entfernt verwandt mit **SCHEID:** entschieden, verschieden, unentschieden
Entfernt verwandt mit **SETZ:** der Absatz, der Aufsatz
Entfernt verwandt mit **ZIEH:** der Anzug, die Zügel, es zog, gezogen

Auswertung zum Diktat

Super!	In Ordnung!	Bitte noch einmal üben!
0 bis 2 Fehler	3 bis 5 Fehler	mehr als 5 Fehler

Kapitel 5: Lese- und Verstehenshilfen

1. Hanno ist ein kleiner dicker Junge. Er geht nicht gern zur Schule. Die Kinder lachen ihn aus. Der Ludwig schubst ihn und nennt ihn Fußballbauch. Ludwig hat viele Freunde. Hanno hat keinen Freund. **Seite 66**

2. Hanno ist traurig. Nach der Schule will er nicht nach Hause gehen. Er setzt sich auf eine Bank. Mit einem Zweig malt er Striche, Kringel und einen Kreis in den Sand. Da sieht er etwas. Aus dem Kreis wird ein richtiger Kopf. Plötzlich steht ein kleiner Drache vor Hanno. So einen komischen Drachen hat Hanno noch nie gesehen. Der Drache kann sogar sprechen. Er ist von zu Hause weggelaufen und will bei Hanno bleiben.

3. Der kleine Drache wohnt bei Hanno im Schulranzen. Der Drache und Hanno werden gute Freunde. Sie singen und tanzen gemeinsam. Da kommt Hannos Mutter ins Zimmer. Von dem kleinen Drachen merkt sie nichts. Der kleine Drache gehört Hanno. Niemand sonst kann ihn sehen. **Seite 67**

Auswertung zum Diktat

Super!	In Ordnung!	Bitte noch einmal üben!
0 bis 2 Fehler	3 bis 7 Fehler	mehr als 7 Fehler

1. Hallo, ich bin der Punkt. Man nennt mich auch Satzschlusszeichen, aber das ist ein langes Wort, nennt mich besser einfach nur Punkt. **Seite 68**
   Ich stehe am Ende eines Satzes. Oft bin ich ganz traurig. Dann kann es schon mal sein, dass ich weine. Viele Kinder mögen mich nicht. Sie beachten mich nicht, wenn sie lesen oder laut vorlesen. Sie vergessen mich, wenn sie schreiben. Ich bin eben sehr klein, aber ich bin trotzdem sehr wichtig.

Test **Seite 69**
Ich bin der Punkt. Warum ich ganz wichtig bin, erzähle ich dir jetzt. Du weißt, dass ich auch Satzschlusszeichen genannt werde. Wusstest du, dass ich noch zwei Schwestern habe? Das sind das Fragezeichen und das Ausrufezeichen. Weißt du, wie mein Bruder heißt? Er heißt Doppelpunkt. Unser Nachname ist Lesezeichen. Wir sagen dir, wo ein Satz zu Ende ist. Wir zeigen an, dass du eine Lesepause machen musst. Wir zeigen dir, ob du einen Aussagesatz, einen Fragesatz oder einen Ausrufesatz vor dir hast.
Mein Bruder zeigt dir an, dass jemand spricht oder etwas erzählt. Aber das erkläre ich dir später genauer. Hast du alles verstanden? Prima!

Auswertung zum Test

Für jedes richtig gesetzte Satzzeichen und jeden großgeschriebenen Satzanfang erhältst du einen Punkt.

Von insgesamt 29 Punkten hast du .... Punkte erreicht.

Super!	In Ordnung!	Bitte noch einmal üben!
29 bis 28 Punkte	27 bis 16 Punkte	weniger als 16 Punkte

Seite 70

1. Die drei Freunde Punkt, Ausrufezeichen und Fragezeichen wollten nicht mehr Punkt, Ausrufezeichen und Fragezeichen sein. Sie wollten ins Märchenland auswandern. Dort wollten sie Abenteuer erleben. Gemeinsam packten sie ihre Rucksäcke. Aber keiner von ihnen kannte den Weg ins Märchenland. Auch im Internet fanden sie keinen Hinweis. Deswegen sind sie immer noch bei uns.

Seite 71

2. Wann gehst du ins Kino?
Ich gehe jetzt ins Kino.
Wie heißt der Film?
Der Film heißt Rico, Oskar und die Tieferschatten.
Wie lange dauert der Film?
Der Film dauert zwei Stunden.
Mit wem gehst du ins Kino?
Ich gehe mit meiner Schwester ins Kino.
Ich will mitgehen!
Nein!

Seite 72

3. **Woher** kommst du?
Wohin willst du gehen?
Was spielst du am liebsten?
Wovon träumst du?
Warum bist du traurig?

4. Oh! Wie schön!
Das tut mir aber leid!
Lass das sein!
Ich habe dich lieb!
Hör auf zu quengeln!
Bitte komm endlich!
Räum endlich auf!
Geh da weg!
Aber mit Vergnügen!

Seite 73

5. Heute ist hausaufgabenfrei./!
Ihr seid wieder viel zu laut!
Nehmt endlich eure Hausaufgaben heraus!
Können Sie das noch einmal erklären?
Muss ich schon wieder den Müll raustragen!/?
Gestern war aber schönes Wetter.
Heute darf ich mir das Fußballspiel anschauen./!

Test
Kannst du heute Nachmittag zum Spielen kommen?
Ich muss erst meine Oma fragen, ob ich kommen kann.
Ich will heute unbedingt mit Ole spielen!
Hast du schon Hausaufgaben gemacht?
Hausaufgaben mache ich später./!
Was hast du denn heute auf?
Wir müssen Satzschlusszeichen üben.
Du bist spätestens um 18.00 Uhr zu Hause!
Och nein, das ist viel zu früh!

Auswertung zum Test
Für jedes richtig gesetzte Satzzeichen erhältst du einen Punkt.

Von insgesamt 9 Punkten hast du .... Punkte erreicht.

Super!	In Ordnung!	Bitte noch einmal üben!
9 Punkte	8 bis 5 Punkte	weniger als 5 Punkte

1. Die Lehrerin sagt: „Heute übt ihr als Hausaufgabe das Abschreiben.“ Christine meint: „Ich kann schon abschreiben.“ Ihr Tischnachbar erklärt: „Das kann sie wirklich. Alle Aufgaben schreibt sie von mir ab.“ Die Lehrerin ruft: „Aber du darfst doch nicht abschreiben!“ Christines Mama fragt Christine: „Was hast du denn in Deutsch auf?“ Christine antwortet: „Das Abschreiben üben, aber ich darf ja nicht abschreiben.“ Seite 74

2. **Die eigensinnigen Ziegen** Seite 75
   Zwei Ziegen trafen sich auf einer schmalen Brücke.
   Die eine Ziege meckerte: „Geh mir aus dem Weg! Ich war zuerst da.“
   Die andere meckerte zurück: „Geh du doch aus dem Weg! Ich bin viel stärker als du.“
   Die eine Ziege antwortete: „Das wollen wir mal sehen.“
   Die andere Ziege machte einen Schritt nach vorn und rief: „Also willst du Streit!“
   Sie stritten, bis beide Ziegen im Wasser landeten.

Test
Papa meint zu Leo: „Hilfst du mir beim Abtrocknen?“
Leo meckert: „Wieso fragst du mich? Frag doch Mama!“
Papa antwortet: „Mama hängt gerade die Wäsche auf.“
Leo schimpft: „Nur Mädchen trocknen ab.“
Papa lacht: „Bin ich ein Mädchen?“
Jetzt lacht auch Leo: „Na gut, dann helfe ich dir.“
Papa freut sich: „Danke! Zu zweit geht es viel schneller.“

Auswertung zum Test
Für jeden richtig gesetzten Doppelpunkt und jedes richtig gesetzte Redezeichen erhältst du einen Punkt.

Von insgesamt 21 Punkten hast du .... Punkte erreicht.

Super!	In Ordnung!	Bitte noch einmal üben!
21 bis 20 Punkte	19 bis 11 Punkte	weniger als 11 Punkte

Lese- und Verstehenshilfen

Seite 76

1. **Die Fabel vom Fuchs und der Gans**
   Zufällig kam eines Tages die Gans bei einem Fuchs vorbei. „Bleib doch zum Essen“, sagte der Fuchs scheinheilig zur Gans.
   „Danke gern, was gibt es denn?“, fragte die Gans.
   „Natürlich Gänsebraten“, hauchte der Fuchs und drehte der Gans den Hals um.
   Man sollte vielleicht nicht alle Einladungen annehmen.

Seite 76/77

2. Zwei Ziegen begegneten sich auf einem schmalen Steg, der über einen tiefen Bach führte. Die eine wollte hinüber, die andere herüber.
   „Geh mir aus dem Wege,“ sagte die eine.
   „Das mache ich nicht!“, rief die andere. „Geh du zurück und lass mich hinüber, ich war zuerst auf der Brücke!“, schimpfte sie weiter.
   „Was fällt dir ein? Ich bin so viel älter als du und soll dir weichen?“, schimpfte wieder die andere Ziege.

Test

Auszug aus der Fabel „Der Löwe und die Maus“

Eines Tages lief eine kleine Maus auf dem Kopf des Löwen herum. Der Löwe erwachte.
„Wer stört meinen Schlaf?“, brüllte er.
„Entschuldige bitte, Löwe. Ich wollte euch nicht stören,“ piepste die Maus. „Bitte lasst mich leben. Eines Tages kann ich dir vielleicht helfen“, bettelte sie.
„Wie kann eine winzige Maus jemals irgendetwas tun, um mir zu helfen“, lachte der Löwe.
„Na gut,“ meinte er dann. „Du bist sowieso nur eine halbe Portion“, sagte er und ließ die Maus großzügig frei.

Auswertung zum Test

Für jedes richtig gesetzte Rede- und Satzzeichen und jede richtige Unterstreichung erhältst du einen Punkt.

Von insgesamt 25 Punkten hast du .... Punkte erreicht.

Super!	In Ordnung!	Bitte noch einmal üben!
25 bis 23 Punkte	22 bis 13 Punkte	weniger als 13 Punkte

Seite 78

1. Eric hat Lust auf etwas Süßes. Er geht in die Küche, um sich eine kleine Nascherei zu holen. „Nimm uns“, rufen die Schokoladenkekse, „wir sind lecker!“ „Tu es nicht“, tönt es von der Obstschale her, „wir sind viel gesünder.“ Drei knackige Äpfel lachen Eric an. Doch da hört Eric eine Stimme aus dem Kühlschrank. „Ich bin auch gesund“, protestiert der Joghurt, „ich bin aus Milch gemacht.“ Jetzt weiß Eric gar nicht mehr, was er essen soll!

Seite 79

Test

Verwirrt sitzt Eric in der Küche. Er hat immer noch Hunger.
Da meldet sich eine Stimme aus dem Gemüsefach. „Mich magst du wohl nicht“, ruft die Karotte, „ich bin dir wohl zu knackig!“
„Und was ist mit uns“, beschweren sich die Kartoffeln, „wir liefern dir Kohlehydrate und Ballaststoffe.“
Jetzt hat Eric eine tolle Idee. „Wisst ihr was“, ruft er begeistert, „ich esse in Zukunft von allem ein bisschen! Dann kommt keiner zu kurz!“
Daraufhin ist in der Küche lautes Gejubel zu hören.

„Das ist eine gute Idee“, rufen die Lebensmittel gemeinsam im Chor, „so können wir es machen!“

Auswertung zum Test
Für jedes richtig gesetzte Rede- und Satzzeichen erhältst du einen Punkt.

Von insgesamt 24 Punkten hast du .... Punkte erreicht.

Super!	In Ordnung!	Bitte noch einmal üben!
24 bis 22 Punkte	21 bis 13 Punkte	weniger als 13 Punkte

1. Du hast bestimmt schon gelernt, dass es verschiedene Wortarten gibt. Du kennst Nomen, Adjektive und Verben. Heute fragt die Lehrerin die Kinder, ob das Wort Feuer ein Nomen, ein Verb oder ein Adjektiv ist. Ulla meint, dass das Wort Feuer kein Nomen sein kann. Schließlich kann man ein Feuer nicht einfach anfassen, sonst verbrennt man sich. Die Lehrerin schreibt darauf an die Tafel: das große Feuer, ein helles Feuer, das gefährliche Feuer. Ulla strahlt. Das Wort Feuer ist doch ein Nomen. Denn vor ein Nomen kann man immer Artikel (Begleiter) und Adjektive (Wiewörter) setzen. **Seite 80**

2. das Feuer, die Lehrerin, die Kinder, das Wort, der Begleiter

3. das heiße Feuer
die kluge Lehrerin
die verschiedenen Verben
die winzigen Kinder
die saubere Tafel
das schöne Wort **Seite 81**

4. Beispiellösung:
   Die schönen Ferien
   Die schönen, spannenden Ferien
   Die schönen, spannenden, langen Ferien
   Die schönen, spannenden Ferien sind meine liebste Zeit im Jahr
   Es ist Sommer

5. Das Schlafen fällt mir schwer, wenn es im Sommer abends lange hell ist. **Seite 82**
   Das Schwimmen ist mein liebstes Hobby.
   Das Essen schmeckt mir gut.
   Das Lesen ist auch ein schönes Hobby.
   Das Leben ist schön.

Test **Seite 83**

a) Was sind eigentlich Nomen? Gute Frage! Nomen sind Wörter, die großgeschrieben werden. Nomen benennen Menschen, Tieren, Dinge, Gefühle oder Ereignisse. Der erste Buchstabe eines Nomens wird immer großgeschrieben. So kann man Texte besser und schneller lesen, meinen kluge Leute. Stell dir vor, auch Verben und Adjektive können zu Nomen werden. Die Erweiterungsprobe hilft dir, Nomen sicher zu erkennen. Probiere es aus, dann kannst du diese Aufgabe schnell lösen.

b) Das schnelle Laufen ist anstrengend.
   Wir **laufen** schnell.
   Der Himmel ist schön **blau**.
   Das schöne Blau des Himmels.
   Das Klettern am Gerüst macht Spaß.
   Ich mag es, am Gerüst zu **klettern**.

Auswertung zum Test

Für jedes richtig unterstrichene und großgeschriebene Nomen erhältst du einen Punkt.

Von insgesamt 22 Punkten hast du .... Punkte erreicht.

Super!	In Ordnung!	Bitte noch einmal üben!
22 Punkte	21 bis 12 Punkte	weniger als 12 Punkte

Seite 84

1.

berichtigen	④	gemütlich	②	schön	①
beschreiben	④	gründlich	②	schwierig	②
bilden	③ ④	heiter	②	selten	①
böse	①	hell	②	sprachlos	②
dankbar	②	kennen	③	stur	①
echt	①	klar	①	träge	①
eigen	①	klug	①	verschieden	①
erlauben	③	krank	①	wild	① ③
erleben	③	melden	④	zärtlich	②
fähig	②	münden	④	wirklich	②
frei	①	prüfen	④	zeugen	③
geheim	③	schläfrig	②	zufrieden	①

Seite 85

2. Wörter mit -**heit:** Bösheit, Echtheit, Eigenheit, Freiheit, Klarheit, Klugheit, Krankheit, Schönheit, Seltenheit, Sturheit, Trägheit, Verschiedenheit, Wildheit, Zufriedenheit
Wörter mit -**keit:** Dankbarkeit, Fähigkeit, Gemütlichkeit, Gründlichkeit, Heiterkeit, Helligkeit, Schläfrigkeit, Schwierigkeit, Sprachlosigkeit, Zärtlichkeit, Wirklichkeit
Wörter mit -**nis:** Bildnis, Erlaubnis, Erlebnis, Geheimnis, Kenntnis, Zeugnis, Wildnis
Wörter mit -**ung:** Berichtigung, Beschreibung, Bildung, Meldung, Mündung, Prüfung

Auswertung zum Diktat

Super!	In Ordnung!	Bitte noch einmal üben!
0 bis 2 Fehler	3 bis 7 Fehler	mehr als 7 Fehler

Seite 86

1. Ich wünsche dir zum Geburtstag alles Gute, viel Glück und schöne Geschenke.

2. Das beste Geschenk, was ich zum Geburtstag bekommen habe, war ein neues Handy. Das schönste Erlebnis an meinem Geburtstag war, dass so viele Freunde mir gratuliert haben.

Seite 87

3. Meine Freunde und deine Freunde sind unsere Freunde.
Zum Schlafen trage ich am liebsten kuschelige, dicke Socken. Im Bett ist mir dann schön warm.
Beim Spielen habe ich meinen Arm gebrochen. Beim Lesen stört der Gips nicht, aber beim Duschen schon.
Im Winter wollen wir mit unserem neuen Auto zum Rodeln fahren. Meine Schwester kommt nicht mit. Sie muss zur Arbeit gehen.

Auswertung zum Diktat

Super!	In Ordnung!	Bitte noch einmal üben!
0 bis 2 Fehler	3 bis 8 Fehler	mehr als 8 Fehler

1. Esel, Af-fen, Uhu, Ele- fant, Amei-se, Igel **Seite 88**

2. Sil-be, Wör-ter, Vo-kal, Kom-ma, Kon-so-nant, No-men, Ad-jek-ti-ve, Ver-ben, Ruf-zei-chen, Fra-ge-zei-chen, Punk-te **Seite 89**

3. Leh-re-rin, Freun-din, Kell-ne-rin, Trai-ne-rin, Fah-re-rin, Prü-fung, Ent-zün-dung, En-dung, Bin-dung, Wäh-rung

Test

Rich-te-rin	schwim-men
Ad-ler	Af-fe
Kleck-se	Fens-ter
Füch-se	Glo-cke
Opa	Lei-tung
Kan-ne	Fla-sche
Haie	Map-pe

Auswertung zum Test

Für jedes richtig getrennte Wort erhältst du einen Punkt. Auch wenn du herausgefunden hast, dass ein Wort nicht getrennt werden kann, erhältst du dafür je einen Punkt pro Wort.

Von insgesamt 14 Punkten hast du .... Punkte erreicht.

Super!	In Ordnung!	Bitte noch einmal üben!
14 bis 13 Punkte	12 bis 8 Punkte	weniger als 8 Punkte

1. **Sabine packt ihre Schultasche** **Seite 90**
   Zuerst packt sie die rote, die gelbe, die blaue und die grüne Mappe ein. Dann steckt sie das Mathematikbuch, das Lesebuch, das Sprachbuch und das Wörterbuch in die Tasche. Den neuen Spitzer, das lange Lineal, die spitze Schere und das neue Etui darf sie auf keinen Fall vergessen.

2. **Einkaufszettel der Familie Dick** **Seite 91**
   Oma Dick, Opa Dick, Mama Dick, Papa Dick und die Kinder der Familie können den ganzen Tag essen. Das steht auf dem Einkaufszettel der Familie Dick:
   drei Tüten Chips, vier Flaschen Cola, zwei Tüten Gummibärchen und eine große Packung Vanilleeis oder eine Packung Schokoladeneis.

Auswertung zum Diktat

Super!	In Ordnung!	Bitte noch einmal üben!
0 bis 2 Fehler	3 bis 8 Fehler	mehr als 8 Fehler

Lese- und Verstehenshilfen

Seite 92

1. Zehn Finger habe ich, an jeder Hand sind es fünf.
   Zwanzig Zehen und Finger habe ich zusammen.
   Zehn Zehen habe ich, an jedem Fuß sind es fünf.
   Zwanzig Finger und Zehen habe ich zusammen.

2. **Meine Lieblingstiere**
   Zwei niedliche kleine Katzen habe ich. In einem Glas habe ich zehn Fische, in einem Käfig sitzt mein Hamster, auf einem Baum vor dem Haus singen die Vögel und das Kaninchen sitzt in seinem Stall. Mein Pudel bellt, die Schildkröte krabbelt in ihrem Karton, der riesengroße, dicke Löwenmann sieht mich aus meinem Bilderbuch an.

Seite 93

Test
In unserem Garten standen früher viele Obstbäume: Kirschbäume, Apfelbäume, Birnbäume, ein Pfirsichbaum und ein Pflaumenbaum. Wenn im Herbst die Früchte reif waren, fielen viele Früchte herunter. Vom Apfelbaum fielen die Äpfel, vom Pfirsichbaum fielen die Pfirsiche und vom Pflaumenbaum die Pflaumen. Manche Früchte waren frisch und knackig, manche aber waren auch faul. Wenn man unter den Bäumen stand, konnte man schon einen Apfel, eine Birne, einen Pfirsich oder eine Pflaume auf den Kopf kriegen. Besonders wenn es sehr windig war. An solch einem windigen, stürmischen, regnerischen Tag musste ich das Fallobst aufsammeln. In meinem Korb lagen fünf faule Pflaumen, vier Pfirsiche und viele wurmstichige Äpfel.

<u>Auswertung zum Test</u>
Für jedes richtig gesetzte Komma erhältst du einen Punkt.

Von insgesamt 10 Punkten hast du .... Punkte erreicht.

Super!	In Ordnung!	Bitte noch einmal üben!
10 Punkte	9 bis 5 Punkte	weniger als 5 Punkte

Seite 94

1. Ich wachte auf, weil es an der Tür klingelte. Ich erschrak etwas, denn ich erwartete keinen Besuch. Mir war ganz mulmig zumute, als ich zur Tür ging. Ich öffnete die Tür, aber niemand war da. Ich schaute mich überall um, doch ich konnte niemanden entedecken. Wie konnte das sein? Ich hoffte sehr, dass es kein Geist war!

Seite 95

Test
Der Satzzeichenkongress
In Satzhausen findet der diesjährige Satzzeichenkongress statt, weil Satzhausen den Satzzeichenwettbewerb gewonnen hat. Zu dem Kongress sind natürlich alle Wortarten, alle Satzschlusszeichen, die Anführungszeichen und der Doppelpunkt eingeladen.
Das Komma hätte den Termin allerdings fast vergessen, weil es so schusselig ist. Es ist ziemlich außer Atem, als es endlich in Satzhausen eintrifft.
Auf dem Kongress werden viele Vorträge gehalten, obwohl alle Teilnehmer nach der langen Reise nach Satzhausen müde sind.
Die Adjektive schlagen vor, dass alle Wörter in Zukunft kleingeschrieben werden sollen.
Die Nomen und die Satzanfänge schimpfen über diesen Vorschlag, denn sie wollen weiterhin großgeschrieben werden.
Was sagst du dazu? Fändest du es gut, wenn es keine Großbuchstaben mehr geben würde?

Auswertung zum Test
Für jedes richtig gesetzte Komma erhältst du einen Punkt.

Von insgesamt 7 Punkten hast du .... Punkte erreicht.

Super!	In Ordnung!	Bitte noch einmal üben!
7 Punkte	6 bis 4 Punkte	weniger als 4 Punkte

Kapitel 6: Besondere Wörter und Merkwörter

Seite 96

1. das Haar – der Saal – das Moor – das Beet – der Aal – das Paar – der Klee – die Waage – das Meer – der Staat – die Saat – die Fee – das Boot – das Moos – die Seele – der Zoo – die Beere – der See – der Schnee

2.

Nomen mit *aa*	Nomen mit *ee*	Nomen mit *oo*
das Haar	das Beet	das Moor
der Saal	der Klee	das Moos
der Aal	das Meer	das Boot
das Paar	die Fee	der Zoo
die Waage	die Seele	
der Staat	die Beere	
die Saat	der See	
	der Schnee	

Seite 97

3.

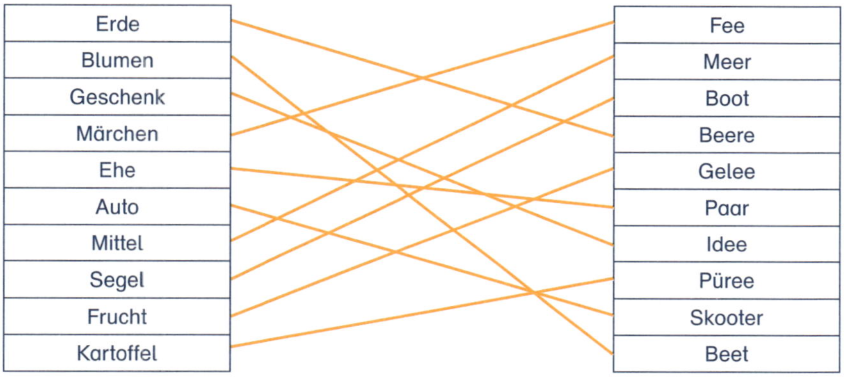

Test
die Erdbeere, das Blumenbeet, das Geschenkidee, die Märchenfee, das Ehepaar, der Autoskooter, das Mittelmeer, das Segelboot, das Fruchtgelee, das Kartoffelpüree

Auswertung zum Test
Für jedes richtig geschriebene Wort erhältst du einen Punkt.

Von insgesamt 10 Punkten hast du .... Punkte erreicht.

Super!	In Ordnung!	Bitte noch einmal üben!
10 bis 9 Punkte	8 bis 5 Punkte	weniger als 5 Punkte

Seite 98

1. diemrthieroghwiejztdaniepoügrvierlgadsierbgsvtviel

   die, hier, wie, nie, vier, sie, viel

2. die, hier, nie, sie, viel, vier, wie

Seite 99

4.

Brotaufstrich	M	a	r	g	a	r	i	n	e
Automat, Roboter	M	a	s	c	h	i	n	e	
getrocknete Weintrauben	R	o	s	i	n	e	n		
lebenswichtige Stoffe	V	i	t	a	m	i	n	e	
eine bekannte Südfrucht	A	p	f	e	l	s	i	n	e
Vorhang	G	a	r	d	i	n	e		
wandernde Schneemassen	L	a	w	i	n	e			

5. Apfelsine, Gardine, Lawine, Margarine, Maschine, Rosinen, Vitamine

Auswertung zum Diktat

Super!	In Ordnung!	Bitte noch einmal üben!
0 bis 2 Fehler	3 bis 6 Fehler	mehr als 6 Fehler

Seite 100/101

1. Ich genieße das leckere Frühstück, das mein Vater zubereitet hat.
   Ich freue mich auf mein Zeugnis, das bestimmt super wird.
   Ich mag das Fernsehprogramm für Kinder, das im ZDF ausgestrahlt wird.
   Du hast Brot gekauft, das bestimmt lecker schmecken wird.
   Georg entdeckt ein Meerschweinchen, das er unbedingt haben möchte.
   Gestern habe ich mir ein Buch ausgeliehen, das sehr spannend ist.

Seite 102

2. Frau Schwarz meint, dass Kinder zu viele Fragen haben.
   Herr Gelb ist überzeugt, dass diese Übung einfach zu schwer ist.
   Herr Lila hat Verständnis dafür, dass Kinder mal ihre Hausaufgaben vergessen können.
   Frau Grün ist wirklich der Meinung, dass Noten abgeschafft werden sollten.
   Es ärgert Olivia, dass sie so viele Tests schreiben muss.

Seite 103

3. **Das**/~~**Dass**~~ war letzte Woche ein toller Geburtstag. **Das**/~~**Dass**~~ Fahrrad, **das**/~~**dass**~~ Oma und Opa mir geschenkt haben, ist toll. **Das**/~~**Dass**~~ Video, **das**/~~**dass**~~ meine Schwester mir ausgesucht hat, finde ich lustig. Ich fand es toll, ~~**das**~~/**dass** so viele Gäste da waren. Am meisten hat mich gefreut, ~~**das**~~/**dass** meine Uroma extra gekommen ist.

Test

Freust du dich, **dass** du den Unterschied zwischen **das** und **dass** verstanden hast?
Dass du dabei ab und zu noch Fehler machst, ist nicht schlimm.
Probiere immer, ob du **das** durch **dieses**, **jenes** oder **welches** ersetzen kannst.
Das nächste Mal bist du schon viel sicherer.

Ich hoffe, **dass** du jetzt stolz auf dich bist.
Jetzt kannst du endlich **das** Buch lesen, **das** du so spannend findest!
Es ist klar, **dass** du dir nach dieser Übung eine Pause verdienst hast.

Auswertung zum Test
Für jedes richtig geschriebene Wort erhältst du einen Punkt.

Von insgesamt 8 Punkten hast du .... Punkte erreicht.

Super!	In Ordnung!	Bitte noch einmal üben!
8 Punkte	7 bis 5 Punkte	weniger als 5 Punkte

1. **Wörter, die gleich klingen:** das Meer – mehr, das Paar – paar, es ist – er isst, fast – du fasst, du hast – du hasst, war – wahr, seid – seit, viel – fiel
Wörter, die ähnlich klingen: leer – lehren, den – denn, ihn – in, ihm – im, außerdem: die Bausteine end- und ent- Seite 104/105

2. Sonne, Strand und **Meer**. So wünscht sich Nico seinen nächsten Urlaub. Rico will nicht **mehr** an die See. Er **hasst** Quallen. Er bleibt lieber an seinem Wohnort in der **Stadt** Entenhausen, **anstatt** an die Küste zu fahren. In ein **paar** Tagen hat Rico Geburtstag. Er wünscht sich genau ein **Paar** Schuhe, genau ein **Paar** Socken und genau ein **Paar** Handschuhe.

3. **fast/fasst**: Beinahe hätte ich es geschafft. **Fast** wäre es mir gelungen, von Rico, dem Superstar, ein Autogramm zu bekommen. Seite 106
Du **fasst** hier nichts an," sagt der Maler, „es ist frisch gestrichen."
hast/hasst: Du **hast** viele Hobbys, aber du **hasst** es, dein Zimmer aufzuräumen und früh zu schlafen zu gehen.
isst/ist: Es **ist** wirklich wahr, dass Herr Fett nur noch gesunde Speisen **isst**.
war/wahr: Es ist wirklich **wahr**, dass ich gestern im Zoo **war**.
seid/seit: **Seit** ihr wisst, dass ihr auf das Gymnasium kommt, **seid** ihr ganz schön überheblich.
viel/fiel: Beim Wettlauf hatten wir **viel** Spaß, bis ich plötzlich stolperte und **fiel**.
Es **fiel** unserem Lehrer auf, dass er uns zu **viele** Hausaufgaben aufgegeben hat.
den/denn: Ob wir **den** Zug noch bekommen, ist fraglich, **denn** wir sind spät dran.
An **den** Ausflug werde ich lange denken, **denn** er war besonders toll.

4. Jana und Hannes sind Zwillinge. Sie teilen sich einen Schrank. Der Schrank steht **im** Kinderzimmer. Hannes sucht eine Hose. Er weiß aber nicht mehr, welche Hosen **ihm** gehören. Er schaut **in** sämtlichen Schubladen nach. Ob diese Hose **ihm** noch passt? Als Jana **ihn** sieht, lacht sie **ihn** aus. „Du hast meine Hose an", sagt sie. Hannes wird rot. Das ist **ihm** peinlich. Seite 107

Test
isst/ist: Er **ist** heute allein zuhause und **isst** vor Langweile ein Brot nach dem anderen.
den/denn: **Den** Nachtisch mag ich nicht, **denn** er ist viel zu süß.
viel/fiel: Es **fiel** ihm schwer, all die **vielen** Wörter nach dem ABC zu ordnen.
seid/seit: **Seit** Tagen regnet es und ihr **seid** ständig pudelnass.
paar/Paar: In meinem Kleiderschrank hängen ein **paar** Blusen, drei **Paar** Hosen und ein **paar** Pullis. Die Socken muss ich erst ordnen. Ich weiß gar nicht wie viele **Paar** Socken ich habe. Auf alle Fälle habe ich ein neues **Paar** Turnschuhe.

Besondere Wörter und Merkwörter

Auswertung zum Test
Für jedes richtig gelöste Aufgabe erhältst du einen Punkt.

Von insgesamt 13 Punkten hast du .... Punkte erreicht.

Super!	In Ordnung!	Bitte noch einmal üben!
13 bis 12 Punkte	11 bis 7 Punkte	weniger als 7 Punkte

Seite 108

1. B(auch) – auch, L(auf) – auf, Pf(er)d – er
   B(ein) – ein, L(aus) – aus, S(an)d – an
   H(als) – als, M(ist) – ist, Sch(nur) – nur
   L(an)d – an, M(und) – und, W(in)d – in

2. Bauch, Rauch, Strauch, Lauch, Schlauch
   laufen, kaufen, taufen, raufen, Haufen
   Wind, Kind, Rind, Windel, Rinde
   Bein, Stein, Wein, Leine
   Laus, Maus, Haus, Schmaus, Applaus

Seite 109

3. Licht, Sicht, Bericht, Gedicht, Gesicht
   Mund, Pfund, Stunde, Runde, Wunder
   Sand, Rand, Strand, Land, Pfand, Wand
   Mist, Kiste, Liste, Geschwister
   Pferd, Herd, Herbst, Scherbe, Verb

4. auch, ein, auf, aus, in, ich, ist, und, er, an

Auswertung zum Diktat

Super!	In Ordnung!	Bitte noch einmal üben!
0 bis 2 Fehler	3 bis 7 Fehler	mehr als 7 Fehler

Seite 110

1.

o	d	e	r	b	c	n	f	g	d
e	o	h	m	p	i	k	s	u	a
b	t	a	e	d	r	w	e	n	n
a	b	k	w	z	h	s	h	l	n
l	f	p	i	j	a	c	r	g	a
d	l	v	r	b	o	w	i	p	o
h	n	i	g	v	l	z	m	v	h
g	a	n	z	u	n	i	e	f	n
e	b	g	p	c	f	t	h	g	e
j	e	t	z	t	r	a	r	s	j
b	r	z	i	k	d	m	e	h	c

oder, bald, ganz, aber, jetzt, wir, sehr, wenn, dann, ohne, mehr, nie

2. aber | hier | für | euch | wie | doch | her | jetzt | oben | alle | her | hin

Seite 111

3. Wörter mit drei Buchstaben: für, wie, her, her, hin
   Wörter mit vier Buchstaben: aber, hier, euch, doch, oben, alle
   Wörter mit mehr als vier Buchstaben: jetzt

4. drin – in, schwer – er, Falle – alle, Tür – für, loben – oben, vier – ihr,
   Loch – doch, Schaber – aber, nie – wie, zuletzt – jetzt

<u>Auswertung zum Diktat</u>

Super!	In Ordnung!	Bitte noch einmal üben!
0 bis 2 Fehler	3 bis 7 Fehler	mehr als 7 Fehler

Seite 112

1. 1 eins, 2 zwei, 3 drei, 4 vier,
   5 fünf, 6 sechs, 7 sieben, 8 acht,
   9 neun, 10 zehn

2. 8 + 2 = zehn, 10 – 5 = fünf, 4 + 4 = acht, 1 + 2 = drei,
   6 – 6 = null, 9 – 3 = sechs, 2 + 5 = sieben, 7 – 5 = zwei

3. elf, zwölf, **drei**zehn, **vier**zehn, **fünf**zehn, **sech**zehn, **sieb**zehn, **acht**zehn, **neun**zehn, zwanzig

Seite 113

4. 22 zweiundzwanzig, 23 dreiundzwanzig, 24 vierundzwanzig, 25 fünfundzwanzig,
   26 sechsundzwanzig, 27 siebenundzwanzig, 28 achtundzwanzig, 29 neunundzwanzig

5. 30 dreißig, 40 vierzig, 50 fünfzig, 60 sechzig,
   70 siebzig, 80 achtzig, 90 neunzig, 100 einhundert

6. 64 vierundsechzig, 29 neunundzwanzig, 74 vierundsiebzig, 66 sechsundsechzig,
   38 achtunddreißig, 56 sechsundfünfzig, 85 fünfundachtzig, 29 neunundzwanzig

7. 385 dreihundertfünfundachtzig, 506 fünfhundertsechs,
   999 neunhundertneunundneunzig

Seite 114

8. erstens, zweitens, drittens, viertens,
   fünftens, sechstens, siebtens, achtens,
   neuntens, zehntens

Seite 114/115

9. Die Giraffe steht an erster Stelle.
   Der Esel steht an zweiter Stelle.
   Der Vogel steht an dritter Stelle.
   Die Katze steht an vierter Stelle.
   Das Schwein steht an fünfter Stelle.
   Der Hund steht an sechster Stelle.
   Die Schildkröte steht an siebter Stelle.
   Der Tiger steht an achter Stelle.
   Der Elefant steht an neunter Stelle.
   Die Maus steht an zehnter Stelle.

Besondere Wörter und Merkwörter

Test

30 dreißig
38 achtunddreißig
53 dreiundfünfzig
60 sechzig
100 einhundert
666 sechshundertsechsundsechzig
743 siebenhundert-
dreiundvierzig
749 siebenhundertneunundvierzig
891 achthundert-
einundneunzig

Auswertung zum Test

Für jedes richtig geschriebene Wort erhältst du einen Punkt.

Von insgesamt 9 Punkten hast du .... Punkte erreicht.

Super!	In Ordnung!	Bitte noch einmal üben!
9 Punkte	8 bis 5 Punkte	weniger als 5 Punkte

Seite 116

1. Deutsch, Kunst, Mathematik, Religion, Sachunterricht, Sport, Textiles Gestalten, Werken

Seite 117

2. Sonntag, Montag, Dienstag, Mittwoch, Donnerstag, Freitag, Samstag

3. Januar, Februar, März, April, Mai, Juni, Juli, August, September, Oktober, Dezember

4. Bleistift, Kleber, Lineal, Radiergummi, Schere

5. Arbeitsheft, Aufgaben, Aufsatz, Berichtigung, Buch, Diktat, Hausaufgaben, Lesebuch, Nummer, Schreibheft, Seite, Sprachbuch, Tuschkasten, Zeichenblock

Seite 118

6. Berichtigung, Bleistift, Deutschheft, Diktat, Fehler, Hausaufgaben, Kleber, Lineal, Mathebuch, Nummer, Radiergummi, Schere, Schreibheft, Sporttasche, Sprachbuch, Tuschkasten

Seite 119

7. **Samstag, Sonntag,** Montag, **Dienstag**
   Mittwoch, **Donnerstag, Freitag, Samstag**
   Montag, Dienstag, Mittwoch, Donnerstag
   Freitag, **Samstag, Sonntag, Montag**

8. **November, Dezember,** Januar, **Februar**
   Juli, **August, September, Oktober**
   Januar, Februar, März, April
   April, **Mai, Juni, Juli**

Auswertung zum Diktat

Super!	In Ordnung!	Bitte noch einmal üben!
0 bis 2 Fehler	3 bis 8 Fehler	mehr als 8 Fehler

Seite 120

1. individuelle Schülerlösung

2. individuelle Schülerlösung

3. die Addition – das Adjektiv – das Alphabet – der Artikel – der Autor – die Bibliothek– die Chemie – die Division – das Experiment – die Geometrie – die Idee – die Information – die Konsonanten – das Lexikon – der Liter – die Mathematik – die Multiplikation – die Physik – das Quadrat – die Strophe – das Substantiv – die Subtraktion – das Symbol – das Thema – das Training – der Vers – der Vokal

4. Abschnitt eines Gedichtes: Strophe
der, die, das: Artikel
ein Versuch: Experiment
Wiewort: Adjektiv
Nomen: Substantiv
Selbstlaut: Vokal
Büchersaal: Bibliothek
ein Einfall: Idee
Tunwort: Verb
Nachschlagewerk: Lexikon
Schriftsteller: Autor

Seite 121

Auswertung zum Diktat

Super!	In Ordnung!	Bitte noch einmal üben!
0 bis 2 Fehler	3 bis 8 Fehler	mehr als 8 Fehler

Seite 122

1. Physik, Philosophie, Thema, Thron, Theater

Seite 123

2. Clown, Computer, City, Curry, Comic: City
Chance, Chips, Chef, Cent: Cent
cool, Computer, Cowboy, Chemie, Clown: Chemie

3. **Cent**, City
Clown, Computer, Chor, cool, Croissant, Cowboy, Curry, Couch, Comic, Charakter, Chaos
Chance, China, Chips, Chef, Charts, Chemie

4. Nomen, die mit **v** beginnen: Ventil, Vase, Vogel, Verb, Video, Vitamine, Vokabel, Vulkan
Nomen, die auf **iv** enden: Adjektiv, Detektiv
Adjektive, die auf **iv** enden: aktiv, positiv, negativ, passiv

Seite 124

5. Quadrat, Quark, Quelle, quer, Quittung, Quiz

6. Das **y** steht am Wortende: City, Curry, Handy, Hobby, Intercity, Pony, Story, Teddy, Hockey, Cowboy
Das **y** steht innerhalb des Wortes: Typ, Gymnasium, Physik, Rhythmus, Recycling
Das **y** klingt ähnlich wie ein ü-Laut: Typ, Gymnasium, Physik, Rhythmus
Das **y** klingt ähnlich wie ein i-Laut: City, Curry, Handy, Hobby, Intercity, Pony, Story, Teddy, Hockey
Das Wort hat eine Silbe: Typ
Das Wort hat zwei Silben: City, Curry, Handy, Hobby, Pony, Story, Teddy, Hockey, Cowboy, Physik, Rhythmus
Das Wort hat drei Silben: Recycling

Seite 125

Test
asiatisches Gewürz: Curry
Blätterteighörnchen: Croissant
Sitz eines Königs: Thron
Gegenteil von negativ: positiv
anderes Wort für Sofa: Couch
gleichmäßige Bewegung in der Musik: Rhythmus
Fachausdruck für Wiewörter: Adjektiv
eine Schulform nach der Grundschule: Gymnasium
Lieblingsbeschäftigung: Hobby
Durcheinander: Chaos
eine Geschichte in Bildern: Comic
ein Spiel mit Schläger und Puk: Hockey
kein Dreieck, kein Kreis, sondern ein: Quadrat
das Gegenteil von aktiv: passiv
dünne gebackene Kartoffelscheiben: Chips
Fachausdruck für Tunwörter: Verben
moderne Rechenmaschine: Computer
Schauspielhaus: Theater

Auswertung zum Test
Für jedes richtig geschriebene Wort erhältst du einen Punkt.

Von insgesamt 18 Punkten hast du .... Punkte erreicht.

Super!	In Ordnung!	Bitte noch einmal üben!
18 bis 16 Punkte	15 bis 9 Punkte	weniger als 9 Punkte

Kapitel 7: Trainingseinheiten

Seite 126

1.

Langer Vokal	Kurzer Vokal
No-ten	Wör-ter
Na-me	Sil-ben
Ta-fel	Hef-te
Bü-cher	Stun-de
Bro-te	Pin-sel
Kle-ber	Ran-zen

Seite 127

2.

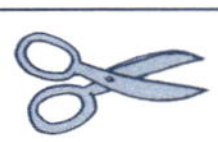	Sche-re	langer Vokal
	Blu-me	langer Vokal
	Jun-ge	kurzer Vokal

	En-te	kurzer Vokal
	Ha-se	langer Vokal
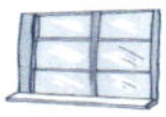	Fens-ter	kurzer Vokal

Test

Vögel, Blätter, Zöpfe, Hürde, leben, Hütte, Früchte, Hüte, bringen, schreiben, denken, toben, fangen, freuen

Auswertung zum Test

Für jedes richtige Wort erhältst du einen Punkt. Du bekommst einen Punkt, wenn du ein Wort mit langem Vokal gefunden hast, aber auch, wenn du richtig erkannt hast, dass der Vokal in der ersten Silbe eines Wortes nicht lang gesprochen wird.

Von insgesamt 14 Punkten hast du .... Punkte erreicht.

Super!	In Ordnung!	Bitte noch einmal üben!
14 bis 13 Punkte	12 bis 7 Punkte	weniger als 7 Punkte

1. die Bäl-le – die Fäl-le, die Grup-pe – die Pup-pe, die Kan-ne – die Wan-ne, die Map-pen – die Lap-pen, die Rol-le – die Wol-le, die Nüs-se – die Küs-se, die Mat-te – die Wat-te, die Ket-te – die Wet-te, die Num-mer – der Kum-mer, die Ton-ne – die Son-ne, der Kes-sel – der Ses-sel, der Mül-ler – der Fül-ler, der Rüs-sel – die Schüs-sel Seite 128

2. müssen – küssen, kennen – rennen, fressen – essen, fallen – knallen, gewinnen – spinnen, murren – knurren, schütteln – rütteln, können – gönnen, wollen – sollen, lassen – passen, nennen – brennen, prellen – stellen, klettern – wettern Seite 129

3. lassen – gelassen – lässt, treffen – getroffen – trifft, essen – gegessen – isst, wissen – gewusst – weiß, können – gekonnt – kann, rennen – gerannt – rennt
Aus der Reihe tanzt: wissen – gewusst – weiß. Seite 130

4. glatt – satt, dumm – krumm, dick – schick, schnell – hell, toll – voll, nett – fett
Übrig bleiben die Adjektive: dünn, nass, kaputt.

5. die Bälle – der Ball, die Bretter – das Brett, die Männer – der Mann, die Nüsse – die Nuss, die Schlösser – das Schloss, die Schiffe – das Schiff Seite 131

6. Bei allen Wörtern, die du gerade geschrieben hast, wird der Vokal in der betonten ersten Silbe **kurz**/~~lang~~ gelesen. Die erste Silbe ist also ~~offen~~/**geschlossen.** Darum wird der Konsonantenbuchstabe in der Wortmitte verdoppelt.

Auswertung zum Diktat

Super!	In Ordnung!	Bitte noch einmal üben!
0 bis 2 Fehler	3 bis 7 Fehler	mehr als 7 Fehler

Seite 132

1.

	Probe:	**So ist es richtig:**
der Her/der Herr	die Her-ren	der Herr
der Bal/der Ball	die Bäl-le	der Ball
der Kus/der Kuss	die Küs-se	der Kuss
der Hut/der Hutt	die Hü-te	der Hut

	Probe:	**So ist es richtig:**
er fält/ er fällt	fal-len	er fällt
er sagt/er saggt	sa-gen	er sagt
sie kent/sie kennt	ken-nen	sie kennt
sie brült/sie brüllt	brül-len	sie brüllt

Seite 133

2.

	Probe:	**So ist es richtig:**
vol/voll	das vol-le Zimmer	voll
rot/rott	der ro-te Apfel	rot
stil/still	das stil-le Kind	still
naß/nass	der nas-se Schwamm	nass
schmal/schmall	das schma-le Buch	schmal
schnel/schnell	das schnel-le Fohlen	schnell

Test

sie rast/~~sie rasst~~
~~hel~~/hell
~~sie wipt~~/sie wippt
der Hase/~~der Hasse~~
~~er belt~~/er bellt
er grast/~~er grasst~~
~~die Wane~~/die Wanne
~~sie sumt~~/sie summt
~~die Mite~~/die Mitte
er spart/~~er sparrt~~

Auswertung zum Test
Für jeden gefundenen Fehler erhältst du einen Punkt.

Von insgesamt 10 Punkten hast du .... Punkte erreicht.

Super!	In Ordnung!	Bitte noch einmal üben!
10 bis 9 Punkte	8 bis 6 Punkte	weniger als 6 Punkte

Seite 134

1.

stimmhaftes s	stimmloses s
Sonne	Hals
Riese	Fels
Saft	Gans
Sommer	Haus
Hose	Maus

Seite 135

2. diese, sie, rosa, sechs, sind, sieben, singen

Test

etwas
leise
er liest
er reist
die Gänse
sausen
die Gräser
der Felsen
das Gras
suchen
das Eis
die Gans
die Vase
das Näschen
das Eisen
los

Auswertung zum Test

Für jeden richtig gefundenen s-Laut erhältst du einen Punkt. Du bekommst sowohl einen Punkt, wenn du ein Wort mit stimmhaftem s gefunden hast, aber auch, wenn du erkannt hast, dass der s-Laut stimmlos ist.

Von insgesamt 16 Punkten hast du .... Punkte erreicht.

Super!	In Ordnung!	Bitte noch einmal üben!
16 bis 15 Punkte	14 bis 9 Punkte	weniger als 9 Punkte

Seite 136

1. saß – fraß, außen – draußen, Grüße – Füße, gießen – fließen, beißen – reißen, heiß – weiß, Fuß – gruß, groß – Schoß, fraßen – Straßen, heißt – schmeißt
Übrig bleibt das Wort **süß**.

2. der Spaß – die Späße
der Gruß – die Grüße
das Floß – die Flöße
der Fuß – die Füße
der Kloß – die Klöße
der Schoß – die Schöße

Seite 137

3.

Grundform	Ich-Form	Er-, Sie-, Es-Form
heißen	ich heiße	er heißt
beißen	ich beiße	er beißt
schießen	ich schieße	er schießt
grüßen	ich grüße	er grüßt
stoßen	ich stoße	er stößt

4. Großes Fest auf dem Fußballplatz! Viel Spaß beim Schulfest!

Auswertung zum Diktat

Super!	In Ordnung!	Bitte noch einmal üben!
0 bis 2 Fehler	3 bis 8 Fehler	mehr als 8 Fehler

Seite 138

1.

Kurzer Vokal/Geschlossene Silbe (ss)	Langer Vokal/Offene Silbe (β)
die Tas-se	die Spä-βe
die Flos-se	die Sträu-βe

2.

Kurzer Vokal/Geschlossene Silbe (ss)	Langer Vokal/Offene Silbe (β)
die Schlös-ser	die Spä-βe
die Klas-se	die Ge-fä-βe
die Küs-se	die Grü-βe

Seite 139

3.

Kurzer Vokal/Geschlossene Silbe (ss)	Langer Vokal/Offene Silbe (β)
sie gossen	sie gieβen
sie essen	sie aβen
sie vergessen	sie vergaβ
es flossen	sie flieβen
sie fressen	sie fraβen

Auswertung zum Diktat

Super!	In Ordnung!	Bitte noch einmal üben!
0 bis 2 Fehler	3 bis 8 Fehler	mehr als 8 Fehler

Seite 140

1. der Rüssel, der Felsen, die Tasse; die Vase, die Füβe, die Nase; die Schlösser, die Hose, die Nüsse

2. der Bissen, das Gras, der Kreis; die Gans, der Gruβ, der Hals; der Kuss, der Fluss, der Ruβ

Seite 141

3. der Kloβ, das Kissen, der Fleiβ; der Fuβ, das Eis, der Spaβ; der Stoβ, die Kasse, der Strauβ

4. er bremst, er löst, er grüβt; es flieβt, sie speist, sie passt; es passt, sie lässt, sie liest

Auswertung zum Diktat

Super!	In Ordnung!	Bitte noch einmal üben!
0 bis 2 Fehler	3 bis 7 Fehler	mehr als 7 Fehler

1. die Bahn, die Eisenbahn, der Bahnhof
der Lehrer, die Lehrerin, lehren
der Stuhl, die Stühle, das Stuhlbein
der Fühler, das Gefühl, fühlen
der Lehm, der Lehmofen, lehmig
der Fehler, gefehlt, fehlerfrei
das Ohr, die Ohren, der Ohrring
die Uhr, der Uhrzeiger, die Uhren
die Zahl, die Zahlen, zählen

Seite 142

2.

fahre – fährst – fährt – fahren – fahrt – fahren

ich fahre	du fährst	er, sie, es fährt
wir fahren	ihr fahrt	sie fahren

fühle – fühlst – fühlt – fühlen – fühlt – fühlen

ich fühle	du fühlst	er, sie, es fühlt
wir fühlen	ihr fühlt	sie fühlen

nehme – nimmst – nimmt – nehmen – nehmt – nehmen

ich nehme	du nimmst	er, sie, es nimmt
wir nehmen	ihr nehmt	sie nehmen

zähle – zählst – zählt – zählen – zählt – zählen

ich zähle	du zählst	er, sie, es zählt
wir zählen	ihr zählt	sie zählen

Seite 143

3. die Bahn – der Fahrer – der Fehler – das Gefühl – der Lehm – der Lehrer – der Lohn – mehr – nehmen – ohne – das Ohr – der Ruhm – sehr – der Sohn – der Strahl – der Stuhl – die Uhr – der Verkehr – die Wahl – wahr – die Zahl – zahm – der Zahn – zehn – der Rahm
Ein Dehnungs-h steht vor den Buchstaben l, m, n, r.

Seite 144

4. l: der Fehler, das Gefühl, der Strahl, der Stuhl, die Wahl, die Zahl,
m: der Lehm, nehmen, der Ruhm, zahm, der Rahm
n: die Bahn, der Lohn, ohne, der Sohn, der Zahn, zehn
r: der Fahrer, der Lehrer, mehr, das Ohr, sehr, die Uhr, der Verkehr, wahr

5. Mama, Papa, Merit und Cleo sind in beim Mittagessen. „Den Kindern schmeckt es“, meint Papa. „Sie haben **ihre** Teller ganz leer gegessen.“ „Ja, **ihnen** schmeckt es immer!“, meint Mama. Nach dem Essen räumen Merit und Cleo **ihre** Teller ab. Danach geht Merit in **ihr** Zimmer und macht **ihre** Hausaufgaben. Sie findet die Rechenaufgaben zu schwer. Cleo hilft **ihr**.

Seite 145

Test
Elsa hat einen Roller. Der Roller gehört **ihr**.
Jan hat ein Fahrrad. Das Fahrrad gehört **ihm**.
Jan und Elsa haben ein Auto. Es gehört **ihnen**.

Auswertung zum Test/Diktat
Zähle deine Fehler in den Aufgaben a) und b).

Super!	In Ordnung!	Bitte noch einmal üben!
0 bis 2 Fehler	3 bis 7 Fehler	mehr als 7 Fehler

Seite 146

1. der Fahrer, der Fehler, der Stuhl, die Uhr, der Verkehr, die Wohnung, die Zahl, der Zahn

2. der Fahrer – die Fahrer, der Fehler – die Fehler, der Stuhl – die Stühle, die Uhr – die Uhren, die Zahl – die Zahlen, der Zahn – die Zähne
Das Wort **Verkehr** hat keine Mehrzahlform.

Seite 147

3. fahren – das Fahrrad – die Fahrbahn; die Zahl – die Einzahl – die Mehrzahl; der Fehler – gefehlt – fehlen; der Lehrer – die Lehrerin – das Lehrerzimmer; die Wohnung – wohnen – das Wohnzimmer; die Uhr – der Uhrzeiger – die Taschenuhr; der Verkehr – kehren – verkehrt

4. Das rote Fahrrad gehört Opa. Es gehört **ihm**.
Das blaue Fahrrad gehört Oma. Es gehört **ihr**.
Oma und Opa sind **sehr** sportlich.
Sie fahren nicht **mehr** mit dem Auto.

Auswertung zum Diktat

Super!	In Ordnung!	Bitte noch einmal üben!
0 bis 2 Fehler	3 bis 7 Fehler	mehr als 7 Fehler

Seite 148/149

1. Wörter mit silbentrennendem h: blühen, fernsehen, höher, die Nähe, füher, ruhig, froher, gehen, ziehen, sehen, die Schuhe
Wörter mit Dehnungs-h: fahren, der Fehler, fühlen, wohnen, die Zähne, wählen, ohne, zählen, der Lehrer, zahlen

2. er wohnt, er zählt, **er zieht,** er fehlt → zie-hen
sie fährt, **sie geht,** sie zählt, sie fühlt → ge-hen
er zählt, **er blüht,** er wohnt, er wählt → blü-hen
er führt, er fühlt, **er ruht,** er fehlt → ru-hen
wahr, **froh,** sehr, mehr → fro-he
der Stuhl, das Mehl, die Zahl, **der Zeh** → die Ze-he

Seite 150

3.

Richtig oder falsch?	So ist es richtig:
die Schule/~~die Schuhle~~	die Schule
die Tränen/~~die Trähnen~~	die Tränen
~~die Stüle~~/die Stühle	die Stühle
~~die Lerer~~/die Lehrer	die Lehrer
das Tal/~~das Tahl~~	das Tal
die Schere/~~die Schehre~~	die Schere
die Krone/~~die Krohne~~	die Krone
die Gefahr/~~die Gefar~~	die Gefahr

4. Gestern musste Papa Zwiebeln scählen. Da sind ihm aber die ~~Trähnen~~ Tränen gekommen. Er konnte auf einmal nichts ~~mer~~ mehr sehen. Darum musste sich auf einen ~~Stul~~ Stuhl setzen. Er weinte mindestens ~~zen~~ zehn Minuten lang! Ich fand das einfach ~~ser~~ sehr lustig. Papa aber schimpfte: „Nie mehr schäle ich Zwiebeln, ~~one~~ ohne daran zu denken, dass ich vor dem Schneiden Schneidebrettchen, Messer und Hände kurz unter fließendes Wasser halten muss!"

Test

Seite 151

a) Warum schreibt man das Wort **leben** ohne **Dehnungs-h**?
- ☐ Weil der Vokal kurz ist.
- ☒ weil vor **b** niemals ein Dehnungs-h steht.

Warum schreibt man das Wort **schälen** ohne **Dehnungs-h?**
- ☒ Weil vor **l** kein Dehnungs-h steht.
- ☒ Weil nach **sch** niemals ein Dehnungs-h steht.

Warum schreibt man das Wort **Blüte** ohne **Dehnungs-h**?
- ☒ Weil vor **t** kein Dehnungs-h steht
- ☒ Weil nach **Bl** kein Dehnungs-h steht.

Warum schreibt man das Wort **gehen** mit **h**?
- ☒ Damit man das Wort besser lesen kann, steht ein silbentrennendes h.
- ☐ weil vor **t** ein Dehnungs-h steht.

b)

zähmen	sich schämen	der Fühler
der Schüler	die Träne	die Zähne
wohnen	sich schonen	sich lohnen

Auswertung zum Test

Für jede richtige Antwort erhältst du einen Punkt.

Von insgesamt 15 Punkten hast du .... Punkte erreicht.

Super!	In Ordnung!	Bitte noch einmal üben!
15 bis 14 Punkte	13 bis 8 Punkte	weniger als 8 Punkte

Seite 152

1.

Richtig oder falsch?	Verlängerungsform:	So ist es richtig:
Abend/~~Abent~~	die Abende	der Abend
Berg/~~Berk~~	die Berge	der Berg
Erfolg/~~Erfolk~~	die Erfolge	der Erfolg
Feld/~~Felt~~	die Felder	das Feld
Freund/~~Freunt~~	die Freunde	der Freund
Geld/~~Gelt~~	die Gelder	das Geld
Hand/~~Hant~~	die Hände	die Hand
Käfig/~~Käfik~~	die Käfige	der Käfig
Kind/~~Kint~~	die Kinder	die Kinder
Korb/~~Korp~~	die Körbe	die Körbe

Seite 153

Richtig oder falsch?	Verlängerungsform:	So ist es richtig:
rund/~~runt~~	der runde Ball	rund
lieb/~~liep~~	das liebe Kind	lieb
gesund/~~gesunt~~	das gesunde Frühstück	gesund
gelb/~~gelp~~	die gelbe Zitrone	gelb
halb/~~halp~~	die halbe Banane	halb
klug/kluk	die kluge Lehrerin	klug
wild/~~wilt~~	die wilde Klasse	wild
blond/~~blont~~	die blonden Haare	blond

Richtig oder falsch?	Verlängerungsform:	So ist es richtig:
sie lebt/~~sie lept~~	wir leben	sie lebt
sie gibt/~~sie gipt~~	wir geben	sie gibt
er kriegt/~~sie kriekt~~	wir kriegen	sie kriegt
sie tobt/~~sie topt~~	wir toben	sie tobt
es klebt/~~es klept~~	wir kleben	sie klebt
es fliegt/~~es fliekt~~	wir fliegen	sie fliegt
sie schreibt/~~sie schreipt~~	wir schreiben	sie schreibt

Seite 154

Richtig oder falsch?	Verlängerungsform:	So ist es richtig:
er lobt/~~er lopt~~	wir loben	sie lobt
sie bleibt/~~sie bleipt~~	wir bleiben	sie bleibt
er liebt/~~er liept~~	wir lieben	sie liebt
sie sagt/~~sie sakt~~	wir sagen	sie sagt
sie trägt/~~sie träkt~~	wir tragen	sie trägt
er fragt~~/er frakt~~	wir fragen	sie fragt

2. **Kleiner Steckbrief**
   Cleo ist vier Jahre alt. Sie **lebt** in Hamburg.
   Sie **trägt** am liebsten lila Kleider.
   Sie **fragt** ihre Eltern Löcher in den Bauch.
   Cleo **schreibt** schon Briefe und Postkarten.
   Sie **tobt** gerne auf den Betten herum.
   Merit, ihre kleine Schwester, **sagt** Leo zu ihr.

Seite 155

3.

h	a	l	b	d	u	t	b	d	g	e	n	u	g
a	e	c	n	g	k	u	m	c	e	g	f	n	u
b	q	w	d	u	o	u	v	n	n	s	y	d	x
t	l	o	u	j	k	k	q	w	u	n	d	e	t
a	o	s	d	f	e	r	t	i	g	f	g	h	j
o	b	k	l	e	y	i	x	c	v	b	n	b	m
b	j	z	f	r	z	e	b	h	a	b	t	x	z
h	j	t	d	t	s	g	c	a	a	a	u	r	f
p	u	r	e	i	d	t	f	l	u	l	c	k	j
k	r	i	e	g	t	u	d	b	e	d	p	e	n
i	s	b	i	d	u	g	l	o	n	r	n	t	f
d	z	f	t	f	b	x	f	b	a	l	d	r	x

Auswertung zum Diktat

Super!	In Ordnung!	Bitte noch einmal üben!
0 bis 2 Fehler	3 bis 7 Fehler	mehr als 7 Fehler

Seite 156

1. der Arzt – die Ärzte
   der Garten – die Gärten
   der Stamm – die Stämme
   das Gras – die Gräser
   der Apfel – die Äpfel
   der Hafen – die Häfen
   die Kraft – die Kräfte
   der Vater – die Väter
   der Mann – die Männer
   die Stange – der Stängel
   das Blatt – die Blätter
   der Ast – die Äste
   der Draht – die Drähte
   der Zahn – die Zähne

2. die Zahl – wir zählen
   der Schlaf – er schläft
   der Schlag – sie schlagen
   der Halt – sie hält
   der Hang – sie hängt
   die Naht – sie nähen
   die Wahl – sie wählen
   das Lachen – er lächelt

3. alt – älter
   hart – härter
   lang – länger
   kalt – kälter
   scharf – schärfer
   nah – näher

Seite 157

4. Das Wort **Geschäft** ist verwandt mit dem Verb **schaffen**.
Das Verb **ändern** ist verwandt mit dem Wort **anders**.
Das Wort **Erzählung** ist verwandt mit dem Wort **Zahl**.
Ein **Päckchen** ist ein kleines **Paket**.
Wusstest du, dass die Wörter **ähnlich** und **ahnen** verwandt sind?
Das Wort **ärgern** stammt von einem ganz alten Wort für böse ab. Das Wort heißt **arg**.
Das Wort **Mädchen** kommt vom Wort „Mägdchen“, also **„kleine Magd**.“
In dem Wort **nächste** wie in **nächster Monat** steckt das Wort **nach**.

Die Wörter werden mit **ä** geschrieben, weil sie mit einem Wort verwandt sind, was mit **a** geschrieben wird.

Seite 158

5. der Strauß – die Sträuße
der Strauch – die Sträucher
der Bauch – die Bäuche
der Haufen – das Häufchen
der Traum – die Träume
das Kraut – die Kräuter
das Haus – die Häuser
das Auge – das Äuglein

6. bauen – das Gebäude
rauschen – das Geräusch
rauben – der Räuber
saugen – der Säuger

Seite 159

7.

sie backt die Bäckerei das Gebäck die Bäckerin	er zählt die Zahl die Erzählung der Zähler
er fährt gefährlich die Fähre die Gefahr	sie läuft gelaufen laufen der Läufer
sie läutet laut das Geläut läuten	er kauft der Verkäufer käuflich der Kaufmann

Auswertung zum Diktat

Super!	In Ordnung!	Bitte noch einmal üben!
0 bis 1 Fehler	2 bis 6 Fehler	mehr als 6 Fehler

Glossar

Hier findest du wichtige Begriffe noch einmal erklärt.

- **Adjektive** sagen, wie Menschen, Tiere oder Dinge sind. Man nennt sie auch **Wiewörter**. Adjektive schreibt man klein (Das Haus ist **groß**. – Das **große** Haus).
- **Anführungszeichen** oder **Redezeichen** markieren die wörtliche Rede (Frau Berens erinnert: „Denkt an eure Bücher!“).
- **Artikel** sind die **Begleiter** von Nomen. Es gibt **bestimmte Artikel** (**der** Hund, **die** Schwester, **das** Auto) und **unbestimmte Artikel** (**ein** Hund, **eine** Schwester, **ein** Auto).
- **Ausrufesätze** oder **Befehlssätze** enden mit einem Ausrufezeichen (Ich will endlich mal wieder schwimmen gehen! Geh doch endlich mal wieder schwimmen!).
- **Aussagesätze** enden mit einem **Punkt** (Ich gehe heute schwimmen.).
- **Begleitsatz:** Der Begleitsatz erklärt dem Leser, wer in der wörtlichen Rede gerade spricht (Frau Berens erinnert: „Denkt an eure Bücher!“).
- **Bindewörter (Konjunktionen)** verbinden Teilsätze miteinander (als, dass, denn, obwohl, weil, wenn ...). Vor einem Bindewort steht ein Komma (Ich bekam die Windpocken, **als** ich fünf war. / Hendrik freut sich, **dass** er einen Hund bekommen wird. / Ich mag Deutsch, **weil** ich gerne lese.).
- **Buchstaben** schreibst und liest du.
- **Dehnungs-h:** Das Dehnungs-h steht in manchen Wörtern nach einem langen Vokal. Es steht nur vor den Konsonanten **l**, **m**, **n** und **r** (fü**h**len, la**hm**, die Sa**h**ne, der Le**hr**er). Es steht nie in Wörtern, die mit **Bl/bl**, **Qu/qu**, **Sch/sch** oder **T/t** beginnen.

- **Diphthonge (Doppellaute)** gehören zu den Vokalen. Es gibt folgende Diphthonge: **au, äu, ei** und **eu**. Ein ganz besonders seltener Doppellaut ist **ai**.
- **Doppelte Konsonanten:** Hört man nach einem kurzen, betonten Vokal nur einen Konsonanten, so wird der Konsonantbuchstabe verdoppelt (schwi**mm**en, e**ss**en, der A**ff**e).
- **Doppelvokale** kommen nur in wenigen Wörtern mit lang gesprochenen Vokalen vor. Wörter mit doppeltem Vokal werden mit **aa, ee** oder **oo** geschrieben, z. B. **das Haar**, die **Fee** oder **das Moos**.
- **Erweiterungsprobe:** Mit dieser Probe kannst du herausfinden, ob es sich bei einem Wort um ein Nomen handelt:
  Immer, wenn du ein Adjektiv vor das Wort setzen kannst, handelt es sich wirklich um ein Nomen (das heiße Feuer, die nette Lehrerin, die winzige Blume).
- **Fragesätze** enden mit einem **Fragezeichen** (Gehst du heute rodeln**? Wann** gehst du rodeln**?**).
- **Geschlossene Silben:** Wenn auf den Vokal in der betonten ersten Silbe eines Wortes ein Konsonant folgt, ist diese Silbe **geschlossen**. Der Vokal klingt dann **kurz** (Tan-te, Pin-sel).
- **Großschreibung:** Satzanfänge und Nomen schreibt man groß.
- **Kommas** stehen zwischen Aufzählungen von Wörtern oder Wortgruppen. Vor **und** oder **oder** steht in der Aufzählung kein Komma (Du kennst viele Nomen, Verben, zahlreiche Adjektive **und** einige Pronomen.).
  Kommas stehen auch vor **Bindewörtern**, wenn diese Teilsätze miteinander verbinden (Ich war fünf**, als** ich die Windpocken bekam. / Ich mag Deutsch**, weil** ich gerne lese.).
- **Konsonanten (Mitlaute)** klingen mithilfe eines anderen Lautes (Bb, Cc, Dd, Ff, Gg, Hh, Kk, Ll, Mm, Nn, Pp, Qq, Rr, Ss, Tt, Vv, Ww, Xx, Yy, Zz).
- **Laute** sprichst und hörst du.

- **Nachsilben:** Wenn Wörter mit den Bausteinen bzw. **Nachsilben -heit**, **-keit**, **-ung**, **-schaft** und **-nis** enden, kannst du daran erkennen, dass es sich um **Nomen** handelt und diese Wörter **großgeschrieben** werden müssen (die Frei**heit**, die Tapfer**keit**, die Zeit**ung**, die Kamerad**schaft**, das Erleb**nis**).
  Auch manche **Adjektive** kann man an ihren **Nachsilbe**n erkennen. Wörter mit den Nachsilben **-ig**, **-lich**, **-isch**, **-haft**, **-bar** und **-sam** sind immer Adjektive (wind**ig**, freund**lich**, laun**isch**, traum**haft**, les**bar**, acht**sam**). Wörter mit diesen Nachsilben werden kleingeschrieben.

- **Nomen** sind besondere Wörter, denn sie werden am Wortanfang immer **großgeschrieben**. Nomen bezeichnen Lebewesen, Dinge, die man sehen oder anfassen kann, Gefühle oder Ereignisse (die Mutter, Ulla, das Haus, die Liebe, das Osterfest).

- **Offene Silben:** Wenn auf den Vokal in der betonten ersten Silbe eines Wortes kein Konsonant folgt, ist diese Silbe **offen**. Der Vokal klingt dann **lang** (Ha-se, Va-se).

- **Sätze** sind **Sinneinheiten**. Das erste Wort im Satz schreibt man immer groß. Am Ende eines Aussagesatzes steht ein Punkt (**H**anno malt sich einen Drachen**.** **H**anno ist ein kleiner Junge**.**).

- **Satzschlusszeichen** zeigen das Ende eines Satzes an: Punkt, Ausrufezeichen, Fragezeichen.

- **Silben** sind die rhythmischen Grundeinheiten der Sprache. Wörter können aus einer, zwei, drei, vier und manchmal auch aus fünf oder noch mehr Silben bestehen (Haus, Le-der, Ap-fel-mus, Scho-ko-la-den-ku-chen).
  Eine Silbe besteht meistens aus einem Vokal, Umlaut oder Doppellaut und aus einem oder mehreren Mitlauten.

- **Silbentrennendes h:** Wenn die erste Silbe eines Wortes mit einem Vokal endet und die zweite Silbe eines Worte mit einem Vokal beginnt, setzt man meistens ein **h** dazwischen. Dieses h wird **silbentrennendes h** genannt (se**h**en, ge**h**en, die Flö**h**e).

- **Umlaute (ä, ö, ü)** sind eine besondere Form der Vokale.

- **Verben (Tunwörter)** sagen, was jemand tut oder was geschieht. Verben schreibt man klein. Verben kommen in einer Grundform und einer gebeugten Form vor (Grundform: laufen, gebeugte Form: ich laufe, sie läuft, wir laufen).

- **Vokale (Selbstlaute)** klingen ohne die Hilfe eines anderen Lautes (**Aa**, **Ee**, **Ii**, **Oo**, **Uu**).

- **Vorsilben:** Einige Nomen fangen mit kleinen Bausteinen, den **Vorsilben** an. Wichtige Vorsilben bei Nomen sind: **Ab-**, **An-**, **Ent-**, **Ver-** und **Vor-** (**Ab**fahrt, **An**schrift, **Ent**schuldigung, **Ver**kehr, **Vor**fahrt).
  Auch viele Verben können mit einer Vorsilbe stehen. Dabei verändern sie ihre Bedeutung (schreiben – **auf**schreiben, **be**schreiben, **ab**schreiben, **vor**schreiben, **mit**schreiben, **ver**schreiben).

- **Wortfamilien** nennt man Wörter mit dem gleichen **Wortstamm.** Der Wortstamm ist der Kernbaustein eines Wortes. Man kann ihn nicht weiter zerlegen (Ant**wort**, **Wort**art, **wort**karg, beant**wort**en, Verant**wort**ung).
  Oft verändert der Stamm sein Aussehen (**denk**en – Ge**dank**e – das Ge**dächt**nis, **fahr**en – er **fuhr** – die **Fähr**te).

- **Wörtliche Rede** nennt man die Stellen im Text, in denen gesprochen oder gedacht wird (Frau Berens erinnert: „Denkt an eure Bücher!“).

- **Zusammengesetzte Nomen:** Wenn man zwei Nomen miteinander verbindet, entsteht ein neues Nomen (der **Spiegel** + das **Ei** = das **Spiegelei**).
  Besonders aufpassen muss man bei zusammengesetzten Nomen, wenn zwei gleiche Buchstaben aufeinandertreffen. Beide Buchstaben muss man dann auch schreiben (die Tü**r** + der **R**ahmen = der Tü**rr**ahmen).
  Manchmal treffen sogar drei gleiche Buchstaben aufeinander. Alle drei Buchstaben müssen auch geschrieben werden (das Schi**ff** + die **F**ahrt = die Schi**fff**ahrt).

Stichwortverzeichnis